地方議員のための
役所を動かす質問のしかた

川本達志
Kawamoto Tatsushi

学陽書房

はじめに

一般質問にもノウハウがある！

およそ世間で繰り返し行われている事柄には、ノウハウというものがあります。地方議会における一般質問も例外ではありません。

私は、長く自治体職員として、また副市長として、一般質問に答弁者の立場で携わってきました。その経験からいうと、一般質問の「しかた」は議員によってさまざまで、ノウハウが意識されているようには思えませんでした。ある意味、個性豊かともいえますが、一般質問は議員の個性を競う場ではありません。プロの政治家であるかぎり、一般質問は成果を出してこそ意味があり、質問によって役所が動かなければいけません。

では、どうすれば成果の出る質問ができるのでしょうか。

一般質問の「顧客」は首長と執行部ですから、答弁者の側から質問の「しかた」を考えれば、答えがみつかるのではないか、というのが本書のコンセプトです。商品開発において「消費者目線」で考えるのに似ています。

役所には、良かれ悪しかれ役所の論理というものがあり、基本的な思考プロセスがあります。一般質問には何らの強制力もないため、執行部が「その気」にならなければ役所は動きません。とすれば、役所の基本的な思考プロセスを理解して質問をすることが役所を動かす近道です。その意味では、一般質問にもノウハウがあります。その基本を理解した上で議員としての個性を発揮すれば、より成果の出る一般質問ができます。

「役所を動かす一般質問」ができない、しない議員は生き残れない

早稲田大学マニフェスト研究所が2014年に行った調査で、「地元の都道府県議会や市町村議会の議員についての印象」を尋ねたところ、「何をしているかわからない」（56・1％）という回答が最も多く、次いで「いてもいなくても同じだ」（34・9％）となっています。議会に対する信頼が低下している現状で、地方議会は、議会改革を進めていますが、個々の議員はどうでしょうか。議会改革の陰に隠れて、自らの質問力を向上させる努力を怠ってはいないでしょうか。このまま議員の活動が住民に見えなくなると、住民は益々地方議員に対する不信感を募らせ、「議会不要」の声は高まるばかりです。議員個人が役所を動かすような議会活動をしなければ、議員も生き残れない時代になってきているといえるでしょう。

議員は、住民の暮らしの現実と課題を把握し、住民と十分なコミュニケーションを取りながら、住民の意思を議会の場で見える形で具体化しなければなりません。そのための最も有効なツールが一般質問です。今はインターネットで、議会の様子が動画配信されるようになっています。役所を動かすような一般質問をすれば、これまで以上に議員に対する住民の評価と議会に対する関心は高まるでしょう。

本書では、一般質問の準備や段取り、成果の出る実例などを織り交ぜて、議員になって間もない方にも読みやすく書いたつもりです。ぜひ、一般質問を有効に使って、本来住民に身近な代表機関である議会とその構成員である議員が、地域住民にとって不可欠の存在になっていただきたいと切望しています。

最後になりましたが、出版にあたり、初めての原稿執筆を親切にご指導いただいた学陽書房の村上広大氏、また本書の元となったセミナーのテーマを提案していただいた一般社団法人地方議員研究会の関係各位に心から感謝し、御礼を申し上げます。

２０１７年６月

川本　達志

第1章

あなたの質問で、役所は動かせる

第2章

議会における一般質問のしくみ

第3章

執行部側からみた議員の質問

第4章

役所を動かすための質問のポイント

第5章

政策提案型質問のつくり方

第6章 課題・責任追及型質問のつくり方

第7章 「一般質問」を議会の意思として行う議会改革

第1章

あなたの質問で、役所は動かせる

1

あなたの質問で、役所は動き、地域も変わる

議員になるだけでは、何も起こらないし、何も変わらない

「自分のまちや地域の未来を何とか変えたい」

「暮らしの中で理不尽とも思える課題を何とか解決したい」

地方議員の皆さんは、さまざまな思いを抱えて選挙に出馬し、当選されたと思います。

しかし、議員になるだけでは、何も起こりませんし、何も変わりません。

そこで、日頃から議員として、現状を変え、課題を解決するための行動を起こし、成果を出そうと努力されていると思います。有権者の方々の意見を聴き、場合によっては集会を開催したり、署名を集めたりすることもあるでしょう。また、集約した意見を、役所の担当の部や課に、場合によっては首長まで届けることもあるでしょう。そのほかにも、チラシを作って配布し、自らの意見や意図を住民の皆さんに伝える活動もあります。これら

の活動は、一般に「政治活動」といわれています。

しかし、意見を届け、チラシを配布するだけで何かが変わることは稀です。それは、役所が、現状で決められていることは正しいものとして、皆さんの意見を受け止めているからです。議員個人が役所に意見を届けるような活動をしても、よほど大きな社会的問題にならないかぎり、それだけで役所が動くことは少ないのです。

説得力ある提案ができれば、役所は動かせる！

しかし、議員には、もう1つの政治活動として、議会におけるさまざまな活動（いわゆる議会活動）があります。

議会は、議決権をはじめとする、「機関」としての権限を適切に行使するために、さまざまな活動を行います。本会議、常任委員会、特別委員会などがその主な場です。

こうした議会の「機関」としての活動は、議会を構成する議員の活動によって成立するため、これら議員個々の活動を「議会活動」といいます。例えば、議会意思を決定する議員の賛否の表明などはその最たるものですし、委員会における質疑も、議員による議会活動です。

中でも、一般質問は、本会議の場において、執行部に対して直接議員が個人として自ら問題としている課題を問いかけることのできる機会です。議員個人が首長等の執行機関と公式に直接対話のできる場であることが、他の活動と大きく異なる点です。

本会議での発言は、すべて公式な「議事録」に残り、その後の首長及び役所の活動を拘束することになります。このため、首長及び執行部の発言も非常に慎重に行われ、本会議の場で端的に議員の期待する発言や回答があることは稀です。

しかし、**適切なプロセスを踏み、説得力ある提案を行うことで、一般質問を通じて地域課題を解決することは可能**です。つまり、一般質問は、議員個人が役所を動かすことのできる非常に貴重な機会であり、議員個人として持つ最も有用な権能であるといえるのです。にもかかわらず、議員の中には、ほとんど一般質問を行わない議員もいます（いわゆる「長老」といわれる議員に多いようですが）。

これらの議員は、一般質問を行わずとも、首長と政治的に親密な関係を持つことなどによって、政治的な成果を出すことを議会活動と考えているのかもしれません。しかし、言論の府である議会の議員としてふさわしいとはいえません。議員は、一般質問をフルに活用して、議会の場で住民にもわかりやすく発言し、他の政治活動とも絡めながら、住民のためによりよい成果を上げる必要があります。

また、地方議員は、4年に一度、選挙があります。一般質問は、議会広報やインターネット中継・録画を通じて、有権者・支援者へのアピールやパフォーマンスにもなるという点でも重要な活動といえます。

一般質問のあり方・仕方も変わる

一般質問は、公の場での活動ですので、議会の運営ルールに則って行われなければなりません。事前通告制や質問時間、再質問と関連質問の回数などの形式上の制約がありますが、これらも本来、一般質問をより有用かつ合理的に行うためのルールですから、時代の進展に従って変わっていきます。昨今、さかんに取り組まれている議会改革もその流れの中にあるといっていいでしょう。一問一答制なども、住民からみてわかりやすいかどうかという、これまであまり顧みられなかった視点からの改革といえます。

人口減少と超高齢化の時代を迎え、限られた資源をどのように使うのかを最終的に決める議会の役割は一層重要になります。**一般質問も、議員として成果を出せるかどうかという視点から、その質が問われる時代になった**といえるでしょう。

POINT

一般質問は、議員個人が行える最も有用な政治活動である。

2

住民に近い議員だからこそ、課題を提示できる

チェックする議会から、提案する議会へ

地方自治法は、議会の権能として、「議決」「選挙」「調査」「請願」などを定めています。これらの議事機関としての権能を行使するためには、議会は、会議又は委員会を開催し、議員は議案について質疑し、討論をします。ですから、議員は議会の一員として、機関としての議会の権能を行使するために、議会内外で活動するということになります。しかし、議員の権能はこれだけにとどまるものではありません。

よく、議会は首長等の執行機関のチェック機関だといわれます。「議決」や「調査」はまさにそのための権能ですから、そのことはある面正しい言い方です。しかし、そのことをあまりに強調すると、二元代表制の一方の代表機関としての権能を矮小化してしまう恐れがあります。地方自治法には以下のように規定されています。

第百十二条　普通地方公共団体の議会の議員は、議会の議決すべき事件につき、議会に議案を提出することができる。但し、予算については、この限りでない。
２　前項の規定により議案を提出するに当たつては、議員の定数の十二分の一以上の者の賛成がなければならない。
３　（略）

議員として議案を提出することができるということは、議員も政策提案できるということです。つまり、主体的に政策形成に関与できるということでもあります。

実際には、議員提案の議案はまだごくわずかです。しかし、過去の経緯や国の制度に縛られがちな執行機関に対して、多様な議員で構成される議会が、それぞれの課題意識を発現し、新しい価値観で行政サービスを考えていくことは、非常に重要です。

執行部の提案を受けて質疑、討論、議決だけを行う受け身の機関ではなく、住民の課題解決に、積極的かつ主体的に関わる機関として機能することが、今求められています。

一般質問は議会本来の活動

一般質問については、地方自治法には規定はありません。各自治体の議会の会議規則において、議長の許可の下に、自治体の「一般事務」について質問できる、とあるのが唯一の根拠です。なぜ地方自治法には規定されていないのでしょうか。それは、議会が開催する会議や委員会で、議員が質問や議論をすることは当たり前のことだからです。そして、この議会本来の活動については、議会自身がルールを決めることも当然のことになります。

つまり、**一般質問は、議会が主体的に代表機関としての役割を果たす上で、最も重要な議員の活動**といえます。議長の許可以外に制約がかけられていないのも、そのためだと考えられます。

多くの自治体で、執行機関が提示する議案は、国が定めたさまざまな制度を自治体にそのまま適用するための予算案や条例案がほとんどです。「地方分権改革」といいながら、いまだ強固な集権国家であるわが国の地方行政では、執行機関が中央政府に拘束されるのは致し方ないことであるともいえます。しかし、だからこそ、住民に近い存在である議員が、地域から課題を拾い上げて地方政治の場に提示することが重要です。

議会は自由な討論の場である

議会改革の嚆矢である北海道栗山町の議会基本条例は次のように謳っています（強調は著者による）。

第二条（略）
2（略）
3 議会は、議会が、**議員、町長、町民等の交流と自由な討論の広場**であるとの認識に立って、その実現のために、この条例に規定するもののほか、この条例をふまえて別に定める栗山町議会会議規則（昭和63年規則第1号）の内容を継続的に見直すものとする。
4・5（略）

一般質問は、自由な討論の場である議会において、議員が首長等の執行機関及び住民に向けて、課題を提示し、場合によっては住民同士の議論を喚起するという、住民自治を実質化させる契機となる活動です。このことは、議会による住民への報告会が普通になりつつある現在において、ますます重要な機能になるといえるでしょう。

POINT

一般質問は、住民自治のために欠かせない、住民に向けた課題提起である。

3

議員は課題発見人であり、水先案内人である

議員は課題発見人

一般質問に限らず、議会のあり方は、時代とともに変遷してきました。議会運営の方法も、通年議会の導入など、地方自治法の改正が近年幾度も行われてきました。それとともに、一般質問のあり方も変わっていかなければなりません。

今後、人口減少と超高齢化の時代を迎え、急激な労働力の減少と高齢者の爆発的増加という、誰も経験したことのない社会がやってきます。高度成長時代のように、課題が明確で中央政府の決めたことを実行することが自治体の事務の大半という時代ではなくなります。あらかじめ正しい答えがわかっているようなことは少なく、自治体独自で課題解決をする時代がやってきているのです。

これまでの成功体験が通用しない時代になっているともいえるでしょう。にもかかわら

ず、中央政府は未だに、地方に横一列の計画策定を求め、多くの首長は「右にならえ」の対応を繰り返しているように見えます。そのような中で、議会は、**住民に一番近い代表機関として、地域住民の特性を踏まえた課題の発見とその提示をする**役割を持っています。

いわば、議員は課題発見人でなければなりません。

議員は水先案内人

また、横にらみに他の自治体を見て、その政策の成否も見定めて、後追いでやればうまくいく時代でもありません。例えば、２０２５年には団塊の世代が75歳を超え、超高齢化時代が本格的にやってくるといわれています。

しかし、その状況は地域によってさまざまです。すでに高齢者の人口さえ減少している自治体もある一方、現在の2倍にもなる地域もあるなど、他の自治体の後追いでは手遅れになるような事態も考えられます。試行錯誤を繰り返して答えを見つけることで、直面するリスクに対応できる自治体が求められているのです。そのような中、議員は、時代の先行きに灯りをともし、自治体を先導する水先案内人になる必要もあります。

住民全体の利益を考えたとき、議会の役割はますます重要になります。配分できる資源に限りがある時代に、首長が自分の政治的立場を守るために人気取りの政策しか行わなくなったとき、議会が現在及び将来の住民全体の利益を守る砦でなければなりません。

「首長与党」「首長野党」と一般質問

よく「首長与党」「首長野党」などと議員の立ち位置を分けることがあります。

議員の中から執行機関の長を選ぶ「議院内閣制」ではなく、「二元代表制」の地方議会において、「首長与党」は制度上存在しないのですが、ほぼ無批判に首長の政策を支持する議員のことをこう呼んだりします。彼らは、議会が二元代表制の下で本来持つべき執行機関との政治的な緊張関係は望まず、執行機関との親密な関係を持つことで、個別に情報を得て、自分たちの利益を実現してもらうことを議員の職務と考えるグループといえるでしょう。彼らは、会議という公の場で一般質問をすることが少ないので、「外からは何をしているのかわからない」と住民から批判されます。

一方、「首長野党」は、首長に政治的イニシアチブを握らせることをよしとせず、何とか自分たちの仲間を首長にするべく、議会活動を含めた政治活動をするグループです。首長の推進する政策の問題点を見つけて、批判的に一般質問することで政治的に優位に立とうとするので、一般質問をできるだけ数多く行う傾向が強くなりますが、なんでも反対するということになると、これはこれで批判されます。

いずれにしても、これらの立ち位置から一般質問する、あるいはしないということでは、これからの議会の本来の役割を果たすことはできません。自分の立場を守るために課題に向き合わない首長と、ただ首長を支持するか、しないかで分かれて争っている議会。一体誰が真剣に自治体の将来を考えているのでしょうか。

政治は結局「友達か敵か」ともいわれますが、二元代表制である以上、**議会は、執行機関の監視をし、互いに政策提案をする適度な緊張関係にあるべき**です。首長に近いかどうかだけで一般質問の数や内容が決まるようでは、議会不要論が声高に叫ばれても仕方がないところです。

議員は、首長よりも住民に近い位置で住民の意思を代表しているといえます。そのような立場で一般質問することが基本です。首長との位置関係で質問をして、住民意思から遠い質問をしてしまっては、代表としての議員の存在価値を損ねてしまうということを肝に銘じておかなければなりません。そのことが議会不信を増幅させる大きな要因になるからです。

POINT

議員は住民に近い代表としての立場で一般質問をすべき。

4 一般質問と議員活動

議員活動の成果は上がっているか

議員は、議会という機関の一員であるとともに、地方政治家です。

議員としては、本会議への出席や議決などの議会活動があり、地方政治家としては、住民との意見交換や相談、国や県への陳情、地域課題や現行制度の調査・学習などがあります。選挙活動も議員の地位を確保するために行われるという意味では議員活動ですが、「政務活動費」が充てられるかどうかという点で考えると、議員活動とはいえなくなります。逆にいえば、**選挙活動以外の活動が議員活動**ということになります。

その範囲について、私的な活動と明確な線引きができないことから、政務活動費で絵画の購入などという、訳のわからない使い方がなされることになります。それはともかく、議員は真面目に活動すれば、住民の暮らしの課題と日々接することになるため、課題を整理し、その原因を探るだけでも忙しいことでしょう。しかし、住民から見れば、どんな成果を上げたのかが見えなければ、「議員は何をやっているのか」「議員報酬は高すぎるのではないか」「政務活動費など元々いらないのではないか」などという声が上がってきます。

ですから、何らかの成果を上げたいと考えるわけですが、住民の要求のすべてが議員にとっても納得のいくものでもないでしょうし、住民のためによかれと考えて活動しても、何らかのルールや現状を変えることは決して容易ではありません。現状維持を基本と考えている役所には、検討させるだけでも難しいのが現実です。そこで、一般質問の出番です。

一般質問は役所と議員の接点

議員が役所にアクセスできる公式の接点が、一般質問です。

非公式の接点は、普段の役所の担当課や議会の控室での対話になるわけですが、一般質問がなければ、その対話は単なる意見交換にすぎません。職員は議員が本会議という議事録の残る公の場で、一般質問という形で課題を提示することができるからこそ、議員の話を真剣に聞き、課題解決の必要性を感じれば、改善策を検討します。いわば、**普段の政治活動が、一般質問につながる活動であればあるほど、役所を動かすこともできる**ということになります。

執行部の職員から見れば、普段の政治活動に熱心でない議員の一般質問は、その前提になる事実もあいまいで、思い付きで質問をしているように感じています。

例えば、議員視察で、ある課題に関する先進自治体の調査をして、「これはいいな」と気づきを得ることがあります。そのことはいいことですが、普段政治活動を主体的に行っていない議員が、短絡的に「あの自治体はこんな先進的な取組みをしている。わが自治体も導入すればいいのではないか」といった質問をしても、自分の自治体に同様の課題があるのかどうかの認識もあいまいなままで質問をしてしまっては、執行部からは右から左に受け流されてしまうでしょう。

また、毎回一般質問をする（年間の一般質問の回数に制限のない議会の場合ですが）、議員の中には、毎回まったく異なった質問をする議員もいます。貴重な一般質問の機会を無駄にしたくないという姿勢はわかります。しかし、その時々の話題について、小学校の夏休みの自由研究のように、ネットで調べただけの資料で一般質問をされると、答弁する執行部としても、宿題の答合せをするような答弁になるほかありません。それはそれで、答弁することは簡単で、理論や制度論のやりとりであれば、説明員である職員が議員にやりこまれるようなことはまずありません。

議員は学習することが本分

このように、**一般質問で役所を動かすためには、議員が政治家として、地域の課題を不断に見聞きし、対話をするといった活動の厚みが必要**です。

議員が常に深掘りをして学習している課題に関する質問だと、質問の中身も論理的で答弁とかみ合うため、執行部はより真摯に対応し、議場に緊張感をもたらします。

議員の皆さんに知ってほしいのは、執行部の職員は、担当の仕事をしているプロだということです。広島県知事だった竹下虎之助氏が、県会議員に、「担当の係長とちゃんと話ができるようになれば議員として一人前」といわれたと聞いたことがあります。

特に基礎自治体である市町村が担う社会保障制度などは年々制度が変わり、しっかり学習しなければ、条例改正案の趣旨や内容も理解できないと思います。代表機関の一方として、議員が首長及び執行部の職員と対等に議論するためには、まずは学習することが最も重要な政治活動だといえるでしょう。

POINT

議員のいい質問を支えるのは、不断の政治活動と学習。

5

一般質問だけが政策実現のルートではない

議員が政策を実現するプロセスは

政策は実現してこそ、住民の利益になります。しかし、財源や人員が限られる中で、要求されるすべての政策を実現することはできません。そこで、議会という場で多数の議員の議論を経て、利害調整も絡めながら、実現すべきかどうかの結論を得ることになります。住民は、その議論の過程を見て納得せよという建前です。

現実には、ほとんどの政策は執行部から提案され、その是非が議会で議論されますが、結局は執行部提案どおりに議決され決定されることが、これまた大多数です。

議員個人が実現したいと考える政策があっても、それを議会に提案するには、地方自治法の決まりで議員定数の12分の1の賛成者が必要ですし、実際に議案にまとめるにはそれなりの事務調査能力も必要で、一議員で政策提案を完結するということは、困難なのが現実です（この点は、議会事務局という議会をサポートする組織が非常に脆弱にしか整備されていない状況が問題にされるべきではあります）。

そこで、議員個人としては、一般質問という機会を活用して、執行機関に政策を作らせようとするわけです。執行機関内では、予算・条例・計画（PLAN）→執行（DO）→行政評価（CHECK）→修正（ACTION）というPDCAサイクルを年間で大きく回しています。**一般質問は、議員個人がその執行機関のPDCAサイクルに働きかけて、執行機関の策定するPLANに反映させせようとする営み**です。執行機関としては、自らが考えた以外のことを政策として採用せよといわれているのですから、すぐに納得して具体化することはなかなか難しく、議員の皆さんとしては、まさに隔靴掻痒の感ではないでしょうか。

議会の議決機関という強み

それでも、一般質問が政策実現の最も大きな契機となることは間違いありません。しかし、そのほかに政策実現のルートはないのでしょうか。議会の持つ権限という視点で考えてみましょう。

議会は、二元代表制の一方の代表機関であり、議会の持つ議決権は、条例や予算を最終的に決定する権限で、非常に大きな権限です。したがって、議会の構成員として議決権を行使する1人ひとりの議員も、その意味では個々に権限を持っているといえます。その議決権をいかに行使するかの基本的思想や態度を同じくする議員の集まりを、地方議会では「会派」と呼びます。会派は一定の数を集めることで、議会における意思決定に影響力を持つことになり、会派を束ねて過半数にすれば、執行部に対して大きな影響力を持つことになります。

執行部としては多くの提案議案を議決してもらわなければなりませんから、多数派を形成した会派が、執行部に対して特定の政策について政策実現を迫れば、これを実現させるべく予算などを付けるのです。

議会も「見える化」

しかし、限られた資源を増大する課題にどう配分するかの議論の過程が、住民の納得を得るために重要になる時代です。こうした**多数派工作を中心にする議会活動は、住民に見えにくい**点でいかがなものでしょうか。

例えば東京都の豊洲新市場問題で、都民に見えない形で事業が進められ、都政の信頼を失う事態に陥ったのも、議会の多数派と執行部の幹部が都民に見えない形で事業の決定を進めたことにあるのではないでしょうか。

かつて、「説明責任」は主に執行機関に向けられた言葉でしたが、今や議会もそれを求められるようになりました。議会改革が進められてきた経緯を考えると、住民に見える議論こそが求められていると考えられます。

議会で議論することで、執行機関の持つ情報を公表させ、**課題を明確にして住民の前に晒し、結論に至る過程まで見せることが、議会の役割**です。住民の納得を獲得するためにはプロセスを「見える化」するほかありません。議会改革もこのような文脈の下で行われているはずです。議会は審議・討論することが本来の活動です。

一般質問は、執行部に対して制度の不具合を指摘し、課題の提示と解決策の提案をすることで議論を喚起する道具ともいえます。

19世紀のイギリスの政治家であるJ・ブライスは、「地方自治は民主主義の学校」といいましたが、若者に政治に関心をもってもらうためにも、現代の地方議員は、民主主義の学校の先生として、政治の「見える化」を進めていく必要があるといえるでしょう。

POINT

議会は、公の場で議論し、住民に見えるように意思形式を。

6 一度の一般質問で政策は実現しない

一度の質問でいい答えは返ってこない

なかなか前向きな答弁が返ってこない——。

一般質問に真摯に向き合っている議員であれば、誰もが一度は感じたことがあるのではないでしょうか。

時間をかけて用意周到に準備して一般質問に臨んだのに、引き出したい答弁が出てこない。一方で、さしたるやり取りもなく、「善処いたします」とか「導入の検討をいたします」という答弁を引き出している質問があることを不思議に感じたこともあると思います。

一般質問で役所を動かすために大切なこととして、一度の一般質問で、提案した政策を実現するような答弁が返ってくるとは考えないほうがよいでしょう。

議員からの質問は、国の制度にはない、その自治体独自の政策の導入を迫るものがほとんどだといえますから、さまざまなことを調査する必要があります。まずは、本当に独自の政策を導入しなければならない事実があるのか。それは個別の地域の課題ではなく、広く自治体全体の課題なのか。コストはどれくらいかかるのか。事業を担う人材はいるのか。他の自治体はどうしているのか。実際には「できない」理由を探すような調査ですが、首長がそれでもやるといわない限り、実現はしないのが通常です。

ときには、一度の質問で前向きな答弁が返ってくることも

一度の質問で前向きな答弁がある場合は、すでに国がその政策について導入の結論を持っていて、その情報を中央の政党等が地方組織に早めに伝えた結果として、その政策実現を地方組織の議員が質問するといったケースがあります。政党の手柄にするという意図があると思われますが、さすがにこのような場合は「実施する」という答弁が返ってきます。あるいは、例えば首長が実現したいイベント等の事業を、首長提案ではなく、「首長与党」の議員に質問させて、前向きな答弁をするケースもあります。これには、①首長の独断専行ではないということをアピールする、②反対意見が出るかアドバルーンを上げてみる、といったねらいがあります。このような場合は、首長側から質問内容も提供されるため、反対もさほどなければ、一度の質問で非常に前向きな答弁がされることになります。

政策実現は相当の困難を伴う

自治体職員は、日々担当の仕事を行う中で、さまざまな苦情や依頼も受けています。それなりに現場の課題の存在も知っています。議員の質問する内容についても承知していることがほとんどといってよいでしょう。課題解決の優先順位が高いように思えても、**政策として実現できていないのは、政策実現へのプロセスが相当の困難を伴うから**です。

まず、自治体はどこも人員が削られており、現場の職員には新たな政策をまとめる時間的余裕がないことが挙げられます。次に、時間外勤務をして、何とか政策案をまとめたとしても、係長、課長と上司の了解をもらわなければなりません。管理職は上に行けば行くほど、首長や議会に説明しなければなりませんから、案の妥当性に対する要求は厳しくなります。ほとんどありもしないリスクなどを持ち出してダメ出しされることもあります。そこを何とか説得しても、次は大関門の財政課の予算査定を突破しなければなりません。お金に余裕があろうがなかろうが、できるだけ使わないようにするのが財政課の仕事ですから、その追及は生半可なものではありません。このように、職員が政策実現することも、相当厳しいことなのですから、議員が政策提案しても、おいそれと「やります」ということにはなりません。一般質問に対する答弁案を作る担当係長にしても、いくら課題の優先順位が高くても、とにかくまずは否定から入るのです。

政策実現のためのプロセス

このように、政策実現への道のりには元々厳しいものがあり、一度の一般質問が、その厳しさを乗り越えるほどの緊急的な政治的問題である以外は、まずはできないという答弁が通常なのです。

ですから、議会に出す以上は、一度の一般質問で終わりということでは実現はおぼつかないでしょう。そこで、どうするか。**同じ問題意識を共有してくれる議員が出てくるくらいまで、繰り返しテーマとして取り上げる**ことが必要です。ただ、同じ質問を繰り返せばいいというものではありません。むしろ、同じ質問には同じ答弁しか返ってきません。

そこで、テーマは同じでも質問を「組み立てる」ということが必要になります。仕事は、何事も段取りが重要。この点が、役所を動かす一般質問のポイントになります。

POINT

一度の質問では受け入れられないと心得て、質問を組み立てよう。

7 一般質問のタイプには3つある

一般質問は目的によって分類される

一般質問の分類は、特に定まったものはありませんが、大きく分けると、目的によって3つに分類されると考えられます。

1つ目が、政策提案型の質問です。この型の質問は、一定の課題解決のために、今ある制度や事業（「政策」）の変更や新たな制度・事業の導入を目的とします。

2つ目は、課題・責任追及型の一般質問です。この型の質問は、いわゆる「首長野党」の会派議員などが、政治的イニシアチブを握ることを目的として行います。

3つ目は、自己主張型の一般質問です。この型の質問は、受け入れられる可能性は低いものの、議員個人あるいは所属する政党・会派の主張を議会という公の場で行い、これを議事録に記録し、自らの広報に使用することを目的とします。

政策提案型の質問

この型の質問は、首長の推進する政策に異を唱えるばかりではなく、一議員として現政策の変更を求め、または代替案や新しい政策の提案を行う一般質問です。

現在行われている制度や事業をもっと深掘りして、成果を上げるように変更することを求める質問などもこの型の質問に含まれますので、多くの一般質問がこの型の質問だといえるでしょう。

現在行われている制度・事業の多くは、国が法律等を制定し、地方が執行してきたものが多いため、各自治体独自の事業や制度に変えたり、新しく作ったりすることへのハードルは高く、この型の質問に対する答弁は、前向きなものは少ないのが現状です。

「困難です」「引き続き課題として調査研究していきます」「配慮して参ります」などは、要は現状を変えないという答弁です。

一方、**「検討します」という答弁は、議場における前向きな答弁の１つで、この答弁を引き出すことが目標**になります。このため、現在の制度や事業の不都合を示し、課題を明確にして具体的な解決策の提案をすることはもちろん、執行部に提案をいかに受け入れさせるかが重要です。

課題・責任追及型の質問

この型の質問は、首長・執行部の政策・施策の誤りや矛盾を追及し、首長の政治的畝失を明らかにして、その権力基盤を弱体化させることを一義的な目的としています。法律・条例・規則の規定に違反している疑いの強い処分や契約、法令違反とは明らかにはいえないものの、不当な財産の管理や方針の決定など、住民監査請求（地方自治法242条）の対象と重なるところもあります。また、首長が過去に答弁した内容と矛盾した施策を行おうとしている場合や、適切な理由なく過去の事例と違う特定の者に有利な取扱いをしている場合なども追及の対象になるでしょう。

この型の質問は、**質問の前提になる事実の矛盾等を突くことになるので、その事実が真実かどうかが重要**になります。ただ、役所は、法律や条例に基づいて誤りのないように事務事業を執行することが本分なので、指摘する事実が真実かどうかをしっかり確認することが求められます。

自己主張型の質問

一般質問は、自治体の一般事務について、議長の許可さえあればできます。したがって、その目的が、議員の主張を世に喧伝するためであっても質問の体裁さえ整えば可能です。

首長に所見を尋ねる形式ではあるものの、その答弁がどうであれ、自分の言い分をしっかり主張できればよいため、質問の大半が自分の意見を主張することで占められることになります。自分の広報や政党・会派の広報に掲載し、自分の主張を有権者や支援者に広く知らせることも重要なので、**選挙活動の一環としての政治的活動にもつながる一般質問**といえます。質問という形式のため、先に述べた「政策提案型」の質問と判別しにくく、あからさまに「自己主張型」であるとわかる質問は少ないのが実態です。この型の一般質問は、役所を動かすことを第一の目的にはしていないため、自らの主張がわかりやすく伝わっているかどうかが重要になります。

また、住民利益の追求という形をとりながら、事業者団体の利益代表という立ち位置での質問もたまにあります。これも、事業者団体等の選挙支援に対する自己アピールという点では自己主張型に含まれるでしょう。

POINT

一般質問の型によってポイントは異なる。

8 政策提案型質問の具体例とポイント

政策提案型の一般質問とは

一般質問で最も多いのが、現在の政策・施策の不都合を指摘した上で、政策・施策の変更を求め、またはまったく新たな政策・施策の導入を求める質問です。

地域社会を少しでもよくしたいという思いの下に議員になった以上は、執行部に対して提案をするこのタイプの質問が多くなることは当然でしょう。しかし、思い付きのような提案から、しっかり準備した提案までさまざまです。

政策提案型の一般質問の例①

政策提案型質問で最も多いのは、**現在行っている制度や事業の改善を提案**するものです。

現状の執行状況がわかっているため、議員としても執行部に注文が付けやすいといえます。日ごろの事業執行に対する改善点の指摘という点では、民間企業的な発想になりますし、お役所文化に対する改革の指摘という面もあります。

ちょっとした改善なのだから、すぐに「実施の検討をする」といった答弁が返ってきそうなものですが、なかなか期待するようなスッキリとした答弁は返ってきません。

役所で現状を変えるには、関係者の同意と上司（首長などの幹部）の了解が必要です。本会議の議場でこれらの了解を得ることはできないため、どうしても答弁者の一存で「前向きに検討する」と答えることはできないのです。一番評価されるのは、「行う」とも「検討する」とも言わずに、うやむやのまま答弁を終わらせること。議員にとっては残念なことですが、議場を何の宿題ももらわずに出てくるのが、最も優れた答弁者なのです。変更や導入の答弁ができるのは、首長だけといってもいいでしょう。

質問をする議員としては、職員からの答弁でも、**少なくとも質問に対する答弁があったかどうか、あいまいに終わらせることのないように答弁を求める**ことは必要です。

中には、質問すること自体に意義があるといった様子で、直接的な答弁は引き出せなくても、「しっかりやってください」という締め括りで質問を終わる議員もいます。しかし、そのような議員は、執行部から「何とか質問答弁の時間さえやり過ごせばいい」という態度で対応をされている可能性があります。せっかくの質問ですから、しっかり答弁を求める姿勢を持つことが必要です。

政策提案型の一般質問の例②

次に、**これまで導入していない政策・施策を新たに導入させる提案**です。導入している自治体はあるものの、まだ事例が少なく、執行部も導入に躊躇しているような場合です。

このような場合は、周到な準備と1回では終わらない質問の組み立てが必要になります。すでに述べたとおり、1回の質問で前向きな答弁が返ってくることはほとんどありません。**数回の質問で1回ごとの答弁の到達点を見定めながら、一歩一歩成果に近づくという姿勢で質問を組み立てる**必要があります。この点については、第4章で詳しく述べます。

課題発見能力と政策形成能力

これらの質問の両方で重要になるのは、課題発見能力と政策形成能力です。

例えば、道路の陥没による事故が頻発しているとしましょう。事故によって身体の傷害や車両の損傷などがあれば、自治体は損害賠償責任を負わなければなりません。この場合に、どのような課題があるでしょうか。舗装工事などのハード工事は財源上限界がありますが、道路の陥没をいち早く発見し、応急措置を早急に行うことができれば、コストを抑えて事故は未然に防げるはずです。

課題が「陥没箇所の早期発見」ということになれば、次は早期に発見するためにはどうすればよいかを考えます。道路管理に充てられる職員数は限られており、とても職員が発見することはできないとすれば、住民に見つけてもらうという提案があり得ます。スマートフォンで写真を撮ってもらい、位置情報とともに送ってもらうようにすれば、コストも不要で情報が早期に集まる可能性があります。簡易な修繕を住民にやってもらうしくみを作ることも考えてもいいでしょう。住民協働とサービス向上、コスト低減の視点での提案です。

導入されるかどうかはわかりませんが、視点がよければ言下に否定される提案ではないでしょう。課題発見能力も政策形成能力も、前提として普段の自治体業務への認識が問われます。現場の事実をいかに把握しているかです。ただし、議員が行政全般に知悉している必要はありません。自分の関心ある分野を徹底的に知ることが重要です。

POINT

政策提案型の質問は、自分の得意分野を作って掘り下げよう。

9 課題・責任追及型質問の具体例とポイント

課題・責任追及型の一般質問とは

課題・責任追及型の質問は、よくテレビで見る国会予算委員会での野党議員の質問が典型です。現政権の違法性または不当性を指摘し、あるいは公約や過去の答弁と異なる施策・事業の実施について矛盾点を指摘することで、現首長及び体制が執行機関としてふさわしくないことを、国民やマスコミにアピールすることを目的とします。最近はパネルを使うのが流行ですが、これもアピール内容をわかりやすくするためのものです。

この型の一般質問では、**指摘した事実があることと、問題点を端的に違法または不当であると明示できることが重要**です。「事業執行の方法に不正の疑義があるとき」「首長の政治資金の管理に違法性があるとき」「第三セクターの運営が不当に行われているとき」などです。

質問の形式は、「こうするべきであったと考えますが、いかがですか」「これは違法性が強いのではないかと考えますが、いかがですか」「首長に責任があると思いますが、いかがですか」などとなります。

課題・責任追及型質問の例①

例えば、自治体所有地の売買契約が随意契約によって行われた場合です。

公有財産である土地の売却は一般競争入札によることが原則で、随意に売却相手を決めることができる場合は限られています。

首長の恣意のままに契約の相手方を決めることは、地方自治法上許されていません。もし、このような事実が明らかであれば、首長の違法な契約行為で住民監査請求の対象になり得ますので、首長の執行責任を問うことができます。

このようなケースでは、事実関係が何かによって証明されていることが必要ですが、刑事責任を問う場合のように、疑いがない程度にしっかりとした証拠がある必要はありません。このことが真実であると疑うに足る程度の事実があればいいのです。**疑いがないことを立証するのは、説明責任のある執行部**です。

課題・責任追及型質問の例②

次に、執行機関としての首長の責任ではなく、政治家としての首長の責任を問うこともあります。これは、政治資金規正法に定める届け出のない政治資金の存在が判明したときなどが該当します。政治家である首長は、住民からの信頼があってこそ一義的な政策提案と執行を任されています。その信頼を失うような行動は、自治体の利益まで損ねることになるため、責任追及を受けてもやむを得ません。

この場合は、事実が真実であることが大前提です。首長の政治活動の不正を問い、首長の地位にあることの不適格を指摘するわけですから、**不正の事実の存在を示すしっかりとした証拠が必要**になります。

課題・責任追及型質問の例③

３つ目は、第三セクターの運営に関する質問です。夕張市の破綻でも見られるように、責任の所在があいまいなまま経営されがちな第三セクターでは、自治体による債務の保証によって、不良債務が重なって自治体の屋台骨まで危うくする場合があります。このような事態を避けるためにも、議会による課題追及は重要です。

ここでは、**議会の監査機能をしっかり働かせる**ことが必要です。夕張市の場合は、第三セクターであった「石炭の歴史村観光会社」が、ホテル等の観光開発がうまくいかず、赤字であることは明白でした。にもかかわらず、「首長に任せておけば大丈夫だろう」と考えていた議会が監査機能を発揮しなかったことが、市の財政破綻につながったといえます。

事実が明白であるにもかかわらず、執行部の説明を過信したことで、議会の監査機能を発揮できなかったのです。議会は、政策提案機能と併せて重要な機能である監査機能をしっかり発揮できるように、財政や契約、財産管理について十分な専門知識を持っている必要があります。違法・不当な行政行為を追及するためには、十分な専門知識の上に、事実を冷静に分析できなければなりません。議論を深掘りするためには、外部の専門家に意見を聴いて、理論をしっかり構築することも必要になるでしょう。

POINT

課題・責任追及型の一般質問は、事実の存在が重要だが、追及するための専門知識も必要。

10 自己主張型質問の具体例とポイント

自己主張型の一般質問とは

自己主張型の質問で目立つのが、自分が所属する政党などの政策で、その時点でマスコミでも話題になっている問題などを取り上げるものです。主に自分たちの主張の正しさを説明する内容になりますが、最後は首長の所見を問う形をとるので、実際には政策提案型との区別は難しいです。答弁が変わることは期待できないのに、同じ質問を複数会期にわたって繰り返すような質問なども、この型の質問になるでしょう。

主張していることに正当性や妥当性がないわけではなく、ただ、先進的で受け入れている他の自治体も非常に少ないとか、時代の要請にはかなうものの、過大な財源が必要であるとか、面白い発想ではあるものの、奇抜すぎて受け入れがたいものなどです。

自己主張型質問の具体例①

例えば、ある条例の制定について質問するときに、同様の条例が全国の自治体で20数団体しかないとした場合には、首長への政策提案という形で質問をしても、「検討する」という答弁はあまり期待できません。

だとすれば、条例が必要になる背景、他の自治体での導入経緯や効果など、自分がこの条例がなぜ必要だと考えるのかを説明し、首長及び出席の議員の記憶にとどめ、住民の中での議論を喚起することが主要な目的です。

あまり必要性を感じない相手に自らの考えを伝えるという意味では、内容のわかりやすさと聞きやすさが特に重要になります。ただ、**くどい説明や知識をひけらかすような説明になると、質問を聞く側からみれば、決してよい印象にはならない**ので注意が必要です。

特に、「こういう条例が他団体でどれくらい制定されているか」という、調べれば誰でもがわかるような質問は、執行部の課題に対する認識を問うために必要な場合を除いては避けるべきです。時間の無駄ということもありますが、相手を試すような質問をしても、決して自らの主張の正当性を高めることにはつながりません。

自己主張型質問の具体例②

また、例えば、一般会計の予算規模が100億程度の自治体で、若者の転入対策として200億の財源が必要な総合大学の設立の意向を問う質問をしても、財源確保が非常に困難で、自治体にとっては受け入れがたいというのは自明です。

しかし、大学の設立の困難性は一般に知られているとは言い難いため、議員の評価は上がるかもしれません。また、実情を知れば、無謀な内容の質問ということで、評価が落ちる可能性もあります。ですから、大学の設立を問う形にしつつ、「若者が魅力を感じるまちづくりを具体的に提案する必要がある」という姿勢をアピールすることが主眼となるでしょう。具体的な政策提案をするというより、まちづくりの姿勢を問う内容になるわけですが、全体的にわかりにくく、かつ唐突という印象は免れない質問といえます。

自己主張型質問の具体例③

もう1つ、私の住む廿日市市議会で実際にあった一般質問を例に挙げましょう。

年に400万人以上もの観光客がフェリーで渡る世界文化遺産である嚴島神社のある宮島に、「海底トンネルを整備したらどうか」という質問があったことがありました。

整備費もさることながら、2つの民間フェリー事業者の存在もあり、現実的とは思えない提案で突飛な発想という印象でした。議員の真意を測りかねましたが、まさに自分の考えを世に問うという意味合いの一般質問であったと考えられます。

このような質問に限らず、一時的に耳目を引くかもしれませんが、実現は難しく、結局、質問した議員の見識にかかわることもあります。

議会の本会議の場での一般質問と答弁のやり取りは、住民の生活課題に関する情報公開と議論の過程を公表するという意味があります。そして、一般質問から住民議論が喚起され、政策決定に住民の意見が反映されるということが期待されています。

だとすれば、**自己の主張だけを公にするような意図での質問は、本来の一般質問にはふさわしくない**ということになるでしょう。

POINT

自己主張型の一般質問は、少なくとも住民の議論を喚起するきっかけとなるように行う。

第2章

議会における一般質問のしくみ

1
一般質問と質疑の違い

質疑は「ルーティン」

議会は、議会に提出された議案を審議し、その可否を議決することを職務とします。議案には、提出されることになった社会背景や問題となった事実関係（条例制定の場合は「立法事実」といわれます）があるはずですし、その議案が予定している効果がありま す。議案を審議する議員としては、それらを詳しく、具体的に知る必要があります。

そこで、特定の議案について、疑問に思った点を議案提案者（多くの場合、首長）に質問して確かめることになりますが、これを「質疑」といいます。

つまり、**あくまで議案に関する疑問点を質すのが「質疑」**です。全国市議会議長会から示されている「標準市議会会議規則」には、次のように記載されています（強調は著者による）。

（議案等の説明、**質疑**及び委員会付託）
第三七条　会議に付する事件は、第一四一条（請願の委員会付託）に規定する場合を除き、会議において提出者の説明を聞き、議員の**質疑**があるときは**質疑**の後、議長が所管の常任委員会又は議会運営委員会に付託する。ただし常任委員会に係る事件は、議会の議決で特別委員会に付託することができる。
②・③（略）
（発言内容の制限）
第五五条（略）
②（略）
③議員は、**質疑**に当たっては、自己の意見を述べることができない。

したがって、本会議や委員会の場で、自分の考えを披瀝して、それに対する首長の考え方を問うのは「質疑」ではありませんし、例えば、契約議案についての質疑で、契約の元となる事業の可否について問うことも「質疑」には含まれません。このような発言を許しておくと、議論が散漫になり、特定の議案の審議という本筋から外れてしまうため、議長又は委員長から発言を制止されてもやむを得ないところです。

つまり、「質疑」は、議案の内容を確認する議員としての「ルーティン（決められた仕事）」だと考えればよいでしょう。

一般質問は「フリースタイル」

一方、一般質問は、「フリースタイル」だといえます。**行政全般にわたって、首長の姿勢、方向性、方策などを質すのが一般質問**です。全国市議会議長会「標準市議会会議規則」には、次のように記載されています。

（一般質問）
第六二条　議員は、市の一般事務について、議長の許可を得て質問することができる。
②（略）

非常にシンプルな規定です。制約する要件は「議長の許可」のみで、内容に関する制約は何もありません。あるといえば「市の一般事務」について質問するということです。「一般事務」について質問することから、「一般質問」といわれます。「質疑」のように議案を前提とはしないため、市政に関係あれば何でも質問できますし、議員個人の意見を開陳しながら首長の意見を質すこともできます。ですから、**議員個人からの政策の提案も、首長にその採否の考えを聞くという形でできる**わけです。

質のいい一般質問

議会における議員の活動が、議案の質疑に限定されるとすれば、議会は常に受け身になりますし、それでは、本当の意味での二元代表制とはいえないでしょう。

ある町議会では、５年間一度も一般質問がされなかったという記録があるそうですが、そのような議会が、主体性をもって住民の課題に向き合っているとは思えません。議会の存在意義を失っているといわれても仕方がないところです。

このように、一般質問は、するもしないも自由という意味でも「フリー」ですが、住民を代表する機関の構成員である議員としては、その権能を十分に発揮するために、一般質問を有効に活用しなければなりません。

さらに、一方の住民代表として、議会の構成員の役割を積極的かつ主体的に果たすためには、質のいい質問が求められます。質のいい質問とは、執行部の政策・施策を的確に評価し、役所の政策形成に影響を与えるような質問だといえるでしょう。

POINT

一般質問は「フリースタイル」。住民の代表として質のいい質問を目指そう。

2 一般質問できること・できないこと

「市の一般事務」の範囲は？

前項で述べたように、一般質問は「市の一般事務」という以外、その内容に制限はありません。しかし、どこまでが「市の一般事務」といえるのかは簡単ではありません。

国政の課題、例えば、「安全保障」や「憲法改正」について、一般質問で首長の認識を問うことは可能なのでしょうか。また、国が制度を定める法律の内容について質問することはどうでしょうか。

実際には、画一的な線引きができるようなものではなさそうです。

例えば、「安全保障」について質問するとはいえ、「非核宣言都市」に関する市の具体的な活動を問うということであれば、「市の一般事務」の範囲内であるといえるでしょう。

しかし、「日米間の安全保障外交」を問うというのであれば、発言の許可は与えられないだろうと思います。

また、国が定める法律の内容であっても、そのことが住民の生活に直接影響があることであれば、「国への制度改正要望」や「自治体独自の施策展開の可否」という観点で問うことは可能です。

いずれにしても、議長が許可するかどうかの判断をするのですから、許可を受けた範囲であれば、首長は答弁することになります。しかし、ときに議場で許可された範囲を超えて質問が行われるケースもあり、執行部の立場からいえば、「国政の課題ですので、お答えできません」としか答えられないケースもあります。このような場合は、次のように議長が発言を禁止するという手続きが、全国市議会議長会「標準市議会会議規則」では定められています。

（発言内容の制限）
第五五条　発言は、すべて簡明にするものとし、議題外にわたり又はその範囲をこえてはならない。
②　議長は、発言が前項の規定に反すると認めるときは、注意し、なお従わない場合は発言を禁止することができる。
③　（略）

一般質問の範囲をどう考えればよいか

それでは、議員として一般質問の範囲をどのように考えればいいでしょうか。

形式的な範囲は、質問しようとする事項が、議員が所属する自治体の事務なのかということで決められることになりますが、「補完性の原理」が考える際の参考になります。「補完性の原理」とは、住民の抱える問題について、①政府の中でまず取り組むべき主体は、まずは住民に近い基礎自治体（市町村）であり、②基礎自治体でどうしても解決できない問題については広域自治体（都道府県）がサポートし、③広域自治体でも解決できない問題について、初めて中央政府がサポートする、という原理です。

一般質問もこの原理の下で考えれば、住民が生活の中で直接不都合や矛盾を感じている問題であれば、まずは基礎自治体が解決策を考えるべきということになります。また、一般質問をしようとしている問題にかかわる事務が、現在は国の事務とされていても、地方の課題として解決策を考えるべきという視点であれば、質問は可能といえます。端的にいえば、**住民が生活上直接感じている課題であれば、質問の仕方次第で、ほとんどのことを質問できる**と考えてよいでしょう。

一般質問の内容としてふさわしいか

では、何でも質問すればいいのでしょうか。議長の発言許可は、実際はかなり緩やかに行われているのが一般的だと思いますが、説明員である執行部の立場で聞いていると、一般質問として、あまりふさわしくないと感じる質問もあります。

例えば、過去のデータの推移や、個別の事務の説明を求める質問です。これらは事前に資料要求すれば示されるため、本会議の議場で問うのは時間の無駄と言わざるを得ません。また、再質問等の中で細かい数字を聞かれることもありますが、これもあらかじめ質問者が調べて、そのデータを提示しながら質問をすればいいだけのことです。

また、地域課題に関する要望を一般質問で問う場面もよく見受けられます。本会議という公の場で公式の言質を取りたいという意図も理解できるため、一概に否定すべきではないとは思います。しかし、本会議の議場で首長と議員が共有する公の時間であることを考えたとき、一般質問の内容としてふさわしいのかという視点もぜひ持ちたいものです。

POINT

一般質問は、住民生活の課題を解決する目的であれば、特に制約はない。

3 質問通告書の提出

質問通告書の目的

質問通告書は、一般質問をするにあたり、あらかじめ議長あてに文書で行う通告書のことです。全国市議会議長会「標準市議会会議規則」には、次のように記載されています。

> （一般質問）
> 第六二条　議員は、市の一般事務について、議長の許可を得て質問することができる。
> ②　質問者は、議長の定めた期間内に、議長にその要旨を文書で通告しなければならない。

通告書は、議員にとっては議長から発言許可を得るための書類です。一方、執行部にとっては、この通告書に基づいて答弁を作成することになるため、どんな通告書が提出されるのか、いつ頃提出されるのかは、執行部にとって本会議前の大きな関心事です。

実際の通告書は、議員によって個性があります。質問事項をほぼ発言の内容にまで詳しく記載して提出する議員、大項目だけの記載で提出する議員、通告書の提出期限ギリギリまで出さない議員、手書きで提出する議員、などさまざまです。

議会によっては、申し合わせにより、記載内容が整っているものに限って受け付け、質問事項及び要旨のほか、質問の詳細を記入し、できる限り具体的に記入することとしているところもあります。

通告書で問題になるのは、本会議の一般質問で通告書に記載があるかないか、疑義のある項目を質問される場合です。議員間では、議長に発言の禁止を求める事態になる場合もありますし、執行部としては、答弁する準備が整っていない場合や、答弁していいのか迷う場合もあります。ですから、執行部としては、**質問内容がどうであれ、「質問したい事項は何かが明確な通告書」が「よい通告書」**ということになります。

質問通告書の期限

質問通告書の期限は、議会の申し合わせ事項で定められているところが多いと思いますが、これも議会によってさまざまです。議会開会日の2週間前とするところ、3日前とするところ、1週間前の議会運営委員会の前日までとするところなどです。

前例によるものと思われますが、執行部としては、一般的に提出期限から開会日までの間が長いほうが、準備に時間がとれるので好都合です。他方、議員としては、通告から質問までの間が長いと、その間に質問する事項に関する事情が変わる場合もあるため、できるだけ質問日との間が短いほうがよいということになります。

実際には、通告があった日には質問内容は担当課に伝わり、自治体によっては事前ヒアリング（聞き取り）の日程が調整されます。翌日か翌々日にはヒアリングが行われるのではないでしょうか。その後担当課で答弁案が作成され、課長→部長→（副知事・副市長・副町村長）→首長の順で答弁内容の審査が進められるので、答弁まで1週間くらいは欲しいのが執行部の本音といえるでしょう。

事前通告制度で一般質問は「馴れ合い」になっていないか

事前通告によって、本会議での一般質問と答弁の場が緊張感のない「馴れ合い」のような場になっているという批判があります。

確かに、通告制度があることで、執行部は相当の時間を使って準備をし、漏れなく適切に答弁しようとするため、用意された答弁書を読み上げる形になります。再質問の内容も事前に議員から聞き取っている場合には、なおさら「馴れ合い」と映るのでしょう。

しかし、行政の守備範囲は極めて広いため、少なくとも、質問のテーマと議員が認識している問題が事前にわからなければ、議場で適切に答弁することはできません。限られた本会議の時間を有効に使うために、事前通告の制度は必要だと思いますが、要は、その運用の方法が問題なのではないでしょうか。

一般質問と答弁のやり取りが「馴れ合い」になっているのは、**元々の首長と議員の関係が首長寄りに「馴れ合い」になっているから**だといえます。再質問の内容を教えるのもそのような緩い関係があるからです。一般質問に臨むには、議員も執行部もそれなりの調査と学習が必要ですが、その労を惜しんでシナリオを作るような事前通告制の運用では、役所を動かすような質問はできません。

議員の主体的な政策形成を目的とするのであれば、質問通告書は、少なくともどのような背景・事実の下で何を課題にしているのかが明確である必要があります。

POINT

一般質問の通告書は要点を漏らさずに明確に記載しよう。

4 答弁者の指定

答弁すべきは首長ではないのか

最近は、住民に対して、あらかじめ質問の内容を知らせるために、インターネットで質問通告書を掲示している自治体も増えていますが、これらを見ると、答弁者の指定もさまざまです。

答弁者の記載欄がないものもありますし、答弁者の欄はあるものの、その欄に「市長」「教育委員会教育長」あるいは「選挙管理委員会委員長」のように執行機関の責任者（トップ）の記載しかないもの、あるいは、「担当部長」などとトップ以外の職員の答弁が予定されているものもあります。

議員の中からは、「本会議の場で首長に答弁してもらいたいのに、担当の部長が答弁するのはおかしいのではないか」という声もあります。答弁者がほとんど担当部長である自治体もあるようですから、このような疑問が出るのも当然といえるでしょう。中には、「質問者からの答弁者の指定に対し執行機関は拘束されないものとする。」と申し合わせている議会もあります。

答弁者を指定することはできるのか

そもそも、答弁者の指定権限は誰にあるのでしょうか。

本会議では、質問者である議員は、議会という地方自治体の議決機関の一員として質問しているのですから、質問の相手先は執行機関のトップ（首長、教育委員会教育長など）です。ですから、公の場である議会で答弁するのは、質問を受けた執行機関の長であるというのが原則ということになります。しかし、役所が担う地方行政は非常に多岐にわたっています。そのすべてにわたって、トップが質問に対応できるかというとそれはなかなか困難です。そこで、地方自治法では次のように規定しています。

第一二一条　普通地方公共団体の長、教育委員会の教育長、選挙管理委員会の委員長、人事委員会の委員長又は公平委員会の委員長、公安委員会の委員長、労働委員会の委員、農業委員会の会長及び監査委員その他法律に基づく委員会の代表者又は委員並びにその委任又は嘱託を受けた者は、議会の審議に必要な説明のため議長から出席を求められたときは、議場に出席しなければならない。ただし、出席すべき日時に議場に出席できないことについて正当な理由がある場合において、その旨を議長に届け出たときは、この限りでない。

2（略）

答弁者として出席している執行部のメンバーは、この規定に基づいて、議会の審議に必要な説明のため、議長から出席を求められて、議場に出席しています。議場で答弁が予定されていないのであれば、出席は求められていないはずです。だとすれば、議長はあらかじめ、質問の内容を勘案して説明者の出席を求めているというのが建前となります。

つまり、**議場に出席している説明員の中で、最も的確に答弁できる者が答弁することが原則**ということになります。また、説明のために出席している者が発言を求めたときは、明らかに答弁者として適切ではない場合以外は発言を許可することになるでしょう。

この結果、議員が首長に答弁を求めても、首長以外の者が答弁するということが多く生じるわけです。特に、一問一答方式では、議員との一対一の複数回にわたるやり取りが予定されているせいか、ほとんど最初から担当部長が答弁しているのが実態のようです。

誰が答弁しても責任は首長等にある

「首長等の執行機関の長が一度も答弁に立たないということは、言論の府である議会として適切なのか」という疑問はあるものの、誰が発言しようが、その責任は執行機関である首長等にあることは当然です。住民の暮らしの課題に対して、何らかの解決策が示されるのであれば、誰が答弁するかを気にすることはないわけです。しかし、首長の責任や政治的ビジョンを直接問うような質問では、首長以外の説明員が答弁することが適切ではない場合もあります。そのような場合に、もし担当部長等が答弁しようとするならば、議長はその発言を許可せずに、首長に発言を促すことが適切な場合もあると思います。

答弁の効果は発言者によって変わるものではありませんが、一問一答方式の一般質問が増える中で、首長の答弁が少なくなると、執行機関との最も緊張感ある対話の場である議会の本来の機能を失う恐れもあります。議会改革の中では、答弁者のあり方も十分に議論がされるべきだといえるでしょう。

POINT

答弁者の指定はできないが、適任者が答弁するよう促すべき。

5 事前ヒアリング

事前ヒアリングの目的① 質問内容を確認する

質問内容については、多くの自治体で「事前ヒアリング（聞き取り）」が行われています。しかし、議員の中には、「質問通告書に具体的に記載したし、ヒアリングを受けてもそれ以上のことはない」と思われている方も多いのではないでしょうか。

しかし、本会議での答弁は、首長はもちろんのこと、説明員として出席し、答弁が予定されている幹部職員にとっても、政策立案や施策・事業の執行上、最も重要視している機会（関門？）です。そのため、具体的かつ明瞭に通告している議員の場合でも、慎重の上にも慎重を期して、念のために確認する意味もあってヒアリングに行くわけです。

また、中には大項目だけを事前通告するような例もあるようです。議長がそのような内容で発言許可をすることにも疑問がありますが、そのような場合には、事前ヒアリングだけが質問内容を具体的に知るチャンスになります。

それでも、「質問は本会議でわかるから、それで答弁してもらえばよい」という対応をとられると、執行部の側は準備のしようがなく、本会議の場で質問と答弁がかみ合わないということも起こりえます。政治的な価値の面でもコストの面でも、非常に貴重な時間ですので、初めて聞く住民の方でも何が課題となっているのか、それに対する解決策は何が提示されているのか、あるいは提示されていないのかがわかるようにしたいものです。

事前ヒアリングの目的②　想定答弁で議員の反応を確認する

ヒアリングは、担当の課長あるいは係長が行いますが、多くの場合、質問に対して想定答弁を頭に描きながら行っています。その答弁で議員が納得してくれるのかどうかを探ることも、ヒアリングの目的の1つだからです。

特に、質問事項が明確な場合は、担当者から「こういう答弁になると思いますが、いかがでしょうか」という問いかけをするケースもあります。そこで、議員が納得できない場合は再質問をすることになりますが、その再質問の内容も、答弁を準備するために可能であれば聞き取ることになります。また、質問内容が複数の課にまたがる場合は、どの担当課が主管課になって答弁書を作成するかも、聞き取りによって内容を確認することで決定することもあります。

事前ヒアリングは執行部との対話のチャンス

それでは、質問する側の議員としては、事前ヒアリングにどのように準備・対応すればいいでしょうか。

1つは、**質問をする課題を明確にする**ことです。

「質問するんだから、当然課題は明確になっているよ」と思われるかもしれません。しかし、議員が課題だと考えていることが「役所の事務」の範囲内かどうかを確認する必要があります。また、役所も同様に課題だと考えているのか、あるいは、課題だとしている事実について議員が把握しているほかに役所が把握している事実はないのか、なども聞いておくべきでしょう。要は、質問と答弁がかみ合うように、議員側からもヒアリングするということです。

ヒアリングに来ている担当課の課長や係長は、議員が質問したい項目については、役所の中ではエキスパートです。議員の知らない情報を持っている可能性が高いでしょう。場合によっては質問内容を修正したほうがよい場合も出てきます。できれば十分に時間をとって対応したいところですが、ヒアリングに来ている職員はあくまで担当者で責任者ではありませんから、詰問口調にならないように、相手側の持っている情報をうまく引き出したいところです。

もう1つは、**執行部の答弁内容をあらかじめ探る**ことです。

1回の質問で課題と解決に対する役所の姿勢がすべて明確になるということは稀です。執行部としては、課題に対する対応が難しければ難しいほど、あいまいな答弁になる傾向があります。せめて、1回目の答弁についてニュアンスでもわかれば、再質問の準備も的確にできることになります。例えば、課題の存在は認識していても、少数事例なので個々の対処療法に終始しているというようなことであれば、「試行」で対策事業を立ち上げるといった、役所が受け入れやすい再質問の仕方もあるということです。

いずれにしても、執行部との事前ヒアリングは、本会議という緊張感ある場を前提として、すでに真剣勝負の場だと心得ましょう。政策提案であればその課題の認識や提案内容が的を射ているのか、責任追及であれば、前提となる事実が共有できているかなどをしっかり確認することが不可欠です。

POINT

事前ヒアリングは、執行部との対話の機会ととらえて有効に使う。

6 答弁の審査・調整

答弁はどのようにして作られるか

一般質問の通告があり、事前ヒアリングで質問事項が確認できたら、役所の中で質問が「当たった」課や係は大急ぎで答弁案を作ります。一般的に、担当の係長が作成する役所が多いようです。

答弁案は、答弁を最終的にまとめる担当課（総務課や財政課など）に集められて首長による最終審査を受ける必要があるため、提出期限が相当早めに設定され、「翌日まで」といった場合が普通です。

係長が作成した答弁案を課長が審査・修正し、部局長に上げて審査と修正が繰り返されます。政策提案型の質問に対して、前向きな答弁をする場合には財源が必要になるため、財政課の審査も受ける必要があります。役所は基本的に縦割りの組織ですから、答弁案の内容に関係する部署にはすべて事前に協議調整をして、了解してもらう必要があります。このような審査・修正・協議調整を繰り返すため、とりまとめ担当課に提出する案が出来上がるのが深夜になることもよくあります。

執行部が答弁作成の際に意識していること

答弁作成は、役所の中でも最も重要な仕事の1つです。

執行部が、この答弁案の作成にあたって意識していることは3つあります。

1つ目は、**「過去の経緯をふまえているか」**です。きちんと過去の答弁集が検索可能な状況になっているかは役所によりさまざまだと思いますが、いずれにしても過去からの経緯の積み重ねが、答弁作成の前提として非常に重要です。

2つ目は、**「簡潔に答えているか」**です。これは、議会からよくなされる指摘です。役所としては、質問されている前提事実や課題、現制度の趣旨、解決のために必要なこと、財源など全般にわたって十分説明して、議員の理解を得ようとするため、答弁が長くなる傾向があります。中には、すでに議員も了解していることを長々と説明するような答弁も見受けられますが、質問した議員がイライラするのもわかるような気がします。

3つ目は、**「問いに答えているか」**です。議会からも「端的に答えよ」という要求がよくなされます。しかし、一般質問では、さまざまな隘路によって現在とり残されている問題を問われているため、簡単に「実施します」と言える質問はほとんどありません。そのため、できない背景や理由だけを延々と述べて、結局どうするのかが欠けているような答弁になりがちなので、この「問いに答える」ことを意識して答弁作成することになります。

議員側から答弁を聞く際も、問いに端的に答えているかが最も重要です。もし答えていない場合は、答弁自体がないのと同じですから、再質問する以前に再答弁を求める必要があるでしょう。

首長が中心の答弁審査

答弁案がまとまると、通常、答弁者順に首長等による答弁審査が始まります。

答弁の責任は、執行機関である首長等にあるため、答弁者が誰かにかかわらず、首長等が出席する会議で審査が行われるのが普通です。ただし、審査の着眼点は自治体によって異なります。首長のリードが強い役所では、首長の意向を踏まえているかが中心になりますし、そうでない役所では、遺漏のない答弁になっているかが中心になります。なお、教育委員会等の答弁も首長が最終的な審査をするのが通常です。

職員としては、首長が議場で答弁に困るような事態を避けるため、あらかじめ議員と質問・答弁のやり取りをシナリオにして、そのとおり議場で進行すればよいという考えになりがちです。このことを「答弁調整」と呼ぶこともあります。また実際に、質問自体を執行部が作って渡すということもあります。執行部としては、自分たちのやりたいことができれば、それが一番都合がいいですし、幹部職員の能力だと評価されることさえあります。

こうした実態について、元総務大臣の片山善博氏が「八百長と学芸会」と述べたことがありますが、首長を支持している議員の質問・答弁では特にこのようなことが行われることがあります。しかし、これでは、二元代表制の一方である議決機関が、執行機関の思い通りにコントロールされてしまい、議会は議会としての権能も権威も失うことになります。

議員という地位だけに固執し、議会という機関の存立意義を顧みない個人プレーといってもいいでしょう。こうした事態を避けるためにも、議員は自らの質問に責任を持ち、主体性を持って学習と調査をする必要があります。

POINT

執行部の「シナリオ」作りに応じず、主体的な姿勢で一般質問に臨もう。

第3章

執行部側からみた議員の質問

1 質問の政策実現に議員は責任を共有してくれるのか

執行部が議員の質問に対して持つ思い

執行部の職員は、議場では議員の質問を神妙に聞いていますが、胸の内にはいろいろな思いを持っています。極端な例とはいえ、議会の定例会のことを「年に4回の時間のムダ」という首長もいるくらいで、議会は「乗り越えるもの」という認識がほとんどの執行部職員の本音ではないでしょうか。

そこには、「議会と首長は車の両輪」という建前とは裏腹の**「執行部のやることにできるだけ口出しさせたくない」**という思いがあります。監査機関に監査を受けるイメージで、とても二元代表制の一方の代表機関の意見を聴き、共に政策を作っていくという姿勢ではないのです。それはなぜでしょうか。

議員は責任を一緒に背負ってくれるのか

１つの思いとして、**「議員はあれこれやったらどうかと質問をしてくるが、自分たちは提案した責任は取らないではないか」**という思いがあります。

議会が議事機関であり、首長が執行機関である以上、執行責任が執行機関にあるのは当然のことに思えるかもしれません。しかし、「提案を実現する議員が提案者として責任を共有し、何らかの協力をしてくれないのだろうか」という思いが執行部の中にあるのも事実です。執行の責任は現場を任されている職員が背負っているのが実態です。にもかかわらず、提案者である議員が、事業がうまくいかなければ、またその不備を指摘するというのでは、職員は提案を実行する気にはなれないでしょう。

例えば、子どもたちの通学の安全のために、議員の住む地区のある区間の歩道を整備するべきだという提案があったとして、事業を進めるとします。しかし、その歩道のために拡幅しなければならない用地の地権者が買収に同意せず、事業が進まない場合に、議員がその事業が遅延していることを非難したとしたらどうでしょう。職員は、提案の事業を進めたばかりに、厄介な案件を抱えてしまったという思いにならないでしょうか。

一方、地権者の同意を得るために議員が協力してくれるとなれば、その事業の実現に対する執行部の姿勢は明らかに違ってくるでしょう。

このようなことは、「機関としての本分を無視している」「本来の役割分担の下にやるべきで、協力があるから提案を受け入れる／受け入れないという違いが出るのは、考えがおかしい」という意見もあると思います。本来の考え方としてはその通りだと思いますが、それでも、質問を受けるのが同じ自治体の職員である以上、その思いは無視できないのではないでしょうか。

議員への敬意

ある首長が、議員時代に、多数の大規模国道予定地の地権者の同意取りまとめをしたことがあると言われていました。このように、議員が自治体のために汗をかいているとしたら、その議員の提案を、首長は言下に否定できるでしょうか。提案者も人間であり、聞く執行部も人間ですから、少なくとも事業執行に協力してくれる提案者に賛意を示したくなるのは理解できるのではないでしょうか。

また、職員は選挙で選ばれた議員に対して敬意を持っていることは確かです。

多数の有権者から投票用紙に自分の名前を書いてもらうことが、どれほど大変なことかを幹部職員であれば知っています。ですから、自らのライフワークであり、一生懸命にその実現を目指して活動している議員からの提案であれば、その一端でも実現してあげたいという思いはあるものです。もちろん、その提案が適切に住民の不都合を解消し、将来のまちのためになるということが大前提ですが、政策実現のために**「提案者としてできることはやる」という姿勢があれば、執行部の職員の姿勢は必ず前向きになる**ことでしょう。

議員の責任の取り方

実際には、議員が執行機関の責任を分担・共有することは法的にはできません。ですから、どれだけ議員がその提案の実現に本気で取り組んでいるのかということです。宿題でも出すように質問をする議員の提案を本気で検討する職員はいないということです。いずれにしても、現場を持つ職員は、議員を無責任と思っている傾向があることを知っておいてください。例えば、自分の選挙のために地域の要望を伝えることだけはしっかりするという議員に敬意を持つ職員はいないのです。「それが議員というものだ」と開き直っている議員の提案を本気で取り組む職員はいないということなのです。

POINT

職員は、提案した政策の実現に協働して取り組む議員を望んでいる。

2 問題意識はあっても「やる」とはすぐには言えない事情

なぜ執行部は無難な答弁をするのか

議員は、一般質問の準備のために調べれば調べるほど、現状に問題があることが明らかになり、「この問題こそ自分が解決すべき問題だ」と確信する場合があります。

しかし、一般質問に臨み、首長に答弁を求めると、担当部長が「事実を調査し、事実が確認されれば、その対応について考えてみたいと思います」という、肩透かしのような答弁がされてがっかりするという経験があるのではないでしょうか。

なぜこのような、ある意味いい加減と思える答弁が返ってくるのでしょうか。

まず、議会答弁をする管理職としては、問題になる事実の確認は必須です。

にもかかわらず、その事実を確実に把握していない段階で、執行部の管理職として、その事実を認めるわけにはいかないのです。ですから、ヒアリングの際に、執行部には質問の前提になる事実の有無を確認させるべきですが、事実の把握には時間がかかります。役所にとって、事実の把握は極めて重要な仕事なのです。できるだけ客観的に把握された事実の下に課題がどこにあるのかを確認しなければ、施策を打つことはできないからです。

事実を把握していない質問には、執行部は「調査する」としか答えられません。極端な例では、自分が見聞きした事実だけで「自治体全体の課題だ」とするような質問もありますが、これについては、事実の存在の有無が答弁の中心課題になります。

例えば、「学校で子どもがいじめられた」という支援者からの相談があったとします。議員が自ら学校に赴いて校長や教頭に確認し、子どもの友だちやその保護者にもヒアリング調査をして、いじめの存在を確信しました。その上で、相談を受けたいじめへの対応の改善を質問したとします。

答弁する教育委員会は、当該いじめの存在を事前に把握していない場合、学校に確認しますが、答弁までの短い間にその事実を詳細には把握できないのが通常でしょう。となれば、教育委員会の答弁は、「よく事実を確認してから、現場の教師とよく話し、子どものことを第一に考えて対応いたします」という答弁になるでしょう。

すぐにでも具体的な改善行動を期待している議員からみれば、極めて不満な答弁だと思います。しかし、**「事実を把握できていないのだから、うかつに答弁はできない」**というのが執行部の態度になります。答弁するトップや管理職は、自分の答弁が現場に受け入れられなければ、その後の現場管理に大きな支障を生ずることになるからです。

全体に適用できる施策なのかが大事

次に、いじめの質問の例でもあるように、個別の対応について答えるにしても、その対応策が自治体のすべての学校で適用可能なのかも、執行部としては非常に気になるところです。一度、対応を決めてしまうと、現場ではコロコロと方針を変えられると混乱します。

1つの答えを出す場合でも、同じようなことが他で起こっても、同じように適用できるかを十分検討して、汎用性が高い方策であれば、初めて明確に答弁ができることになります。

これが役所の本質であり、臨機応変に個別対応することが非常に苦手なのです。それは、役所が極めて同質性の強い組織だからです。個別組織あるいは個人で臨機応変に対応していてミスが出ると、全体として決められたことを行わなかったことが大きな問題となります。責任は個別の対応を許した個別組織の管理職あるいは個別対応した個人にあることになります。1人だけ違う考え方や行動をすることは、非常にしづらい組織なのです。

見回し、根回し、後回し

役所は、地域に課題があったら、まず事実をよく確認し、同様の課題を持っている他の自治体の対応策を調査する（見回し）ことから始めます。

場合によっては、直接話を聞きに行くこともあります。それで対応策を探し出してもすぐには適用しません。適用する方策によって影響が生じる、あらゆる方面に意見を聴いて回ります（根回し）。その上で、対応策に反対のある人が多く、少なくても大きな声で反対する人があれば、対応をせずにそのままにしてしまいます（後回し）。

すべてにこうだとは言いませんが、このような傾向は強いといっていいでしょう。**役所は、すぐに「やります」とは言えない組織**なのです。このことをふまえて、粘り強く質問することが大切です。

POINT

役所が動くには時間がかかることを考慮して、粘り強く質問をしよう。

3 課題が共有できなければ、そもそも検討もしない

お門違いの指摘

財政問題で、「このままの財政運営を続けると、夕張市のように財政破綻するのではないか」という指摘があったとします。確かに、経常収支比率は高く、公債費比率は高いのですが、財政健全化判断比率は、問題ありません。この状況の中で、「夕張市のように破綻する」という指摘の一般質問は、答弁作成の段階から、「なぜ、こういう質問をするのだろう」という嘆きが職員の中から聞こえてきます。

財政が厳しいことは、データをみればわかります。毎年入ってくることが決まっている税金や地方交付税などの自由に使えるお金に対して、毎年決まって出て行ってしまう人件費、公債費、扶助費などの経費の割合がどのくらいかという比率が経常収支比率です。この数値が高いということは、本当の意味で自由に使えるお金が少ないということです。過

去の公共事業による借金返済が多いことが1つの原因であることが、公債費比率が高いことからわかります。だからといって、「夕張市のように破綻する」ことはありません。

このように、課題の認識について議員との間に大きな隔たりがあると、答弁は、議員の課題認識の誤りについて指摘をすることが中心になり、最後に「健全な財政運営に努めてまいります」という文言を付け加えて終わることになるでしょう。

事例を挙げるのであれば分析が必要

例えば、財政問題で夕張市の財政破綻問題を例にして問うならば、夕張市がなぜ財政破綻をしたのかを分析しておかなければなりません。その上で、そこから自分の自治体に参考になることがあって、初めて一般質問という段取りになります。

至極当然のことですが、マスコミ報道やネット情報だけでは分析はできません。夕張市は、第三セクターの観光開発会社の経営不振が市の債務を膨らませたことが破綻の要因だといわれます。しかし、「なぜ観光開発会社が設立されたのか」「この会社は、なぜ多大な借金をする必要があったのか」「議会のチェックはなぜ働かなかったのか」など、調べるべき点は多くあります。この点は、関係する文献等を読み込む必要があります。

夕張市の最も大きな問題は、炭鉱の閉鎖による人口の急激な減少から生じた地域経済の衰退を、「観光開発」という市主導の経済政策で乗り越えようとした政策選択にあったということです。

この市長の政策選択を議会も認めた結果として、市民がその負債を今でも払い続けることになっているのです。大雑把に「財政破綻するのではないか」という指摘をするのではなく、「人口減少時代に夕張市から学ぶべきこと」という視点で質問を組み立てると、いま優先選択すべき課題は何かという、問題の共有ができることになるでしょう。

気づきがなければ考えない

人間は、自ら気づかなければ、やり方を変えるようなことはありません。いくら他人から「おかしいじゃないか」と指摘されても、自分がそう思わなければ、自分で考えて変えようとはしないものです。

執行部も人間の集団ですから同じです。課題に対する気づき、つまり**議員が提示した課題を執行部として共有できなければ、検討さえしない**のです。

課題を共有させるためには、しっかりした現状認識、そして的を射た課題認識が必要です。そのためには、自分の政治的テーマに関しては、常に事実を追いかけ、法令等の基礎的な知識を得て、市の政策の変遷とその背景・原因などについて調べておくなどの日頃の準備が肝要です。前にも書いたように、**担当の係長と普通に会話ができるまでになれば、準備ＯＫ**だといえるでしょう。

実は、このような基礎的な学習をする機会があまりに少ないのが、地方議員の課題なのではないでしょうか。これからの課題山積の時代には、議員こそが学ばなければならないのだと思います。「本を読めと言われても、高齢だし読む意欲がわかない」「議員をやってきて今さら若い職員に教えてくれとは言えない」、さらには「そんな給料はもらっていない」というのであれば、次世代に議員の職を譲らなければなりません。

POINT

課題の共有は、一般質問のスタートラインである。

4 一般質問のムダとムリ

ムダを取り除き議論の活発化を

一般質問が行われる本会議は、会期が定められており、議員が行う一般質問の時間も制約があります。1人当たりの質問時間に制限があるのが普通です。とすれば、質問はできる限り、効率よく行われなければなりません。しかし、実際の質問をみてみると、執行部から見てもムダと思える質問もあります。

事実確認→課題指摘→解決方策提案

議員が行う一般質問のよくある流れは、①事実確認のための質問→②課題の指摘→③解決策の提案、というものです。

①事実確認のための質問は、執行部と、会議に出席している議員全員が現状を共有するために行われます。まず、議員が課題だと思っている現状について、執行部に議場で答弁させることで、どれほど現状に課題があるかを認識させるために行われるのでしょう。

しかし、執行部としても課題の存在を認識しており、質問している議員も知っている事実を、議場で再確認するように話すことはムダだと思えるのです。執行部の中には、「罰ゲームのようなものかな」と感じながら答弁している人もいるのではないでしょうか。

議員があらかじめ調査した事実を、質問の中で現状認識として言及し、その中に「このような課題がある」と指摘したほうが、質問の流れも途切れず、聞いている議員にも傍聴人にもわかりやすく、時間も有効に使えると思うのです。

事実を共有できていなければ、課題の指摘に進んでも質問と答弁はかみ合わないため、事実の共有は重要です。しかし、**明らかにされている事実を議場で確認する必要はない**のではないか、ということです。

議員と執行部の間の事実認識に齟齬があり、事実の把握に時間と費用が掛かる場合には、そのための調査を実施するかどうかを質問のテーマにするとよいでしょう。

例えば、「人口減少」という課題を共有していても、「人口流出の原因」が確認できていなければ、手の打ちようがありません。その実態を調査するために、住民課の窓口で、アンケートを実施したらどうかという提案です。1人ひとりの転出転入者にアンケートに答えてもらい、政策作りの資料にするのですから、「不要です」という答えは返っては来ないでしょう。事実の共有さえできれば、課題は半分以上解決されたと同じです。自らの手で調査し、事実を確認して、課題認識を持てば、その改善を考えない役所はないのです。

ムリを承知の支援者向け質問

また、支援者から要望があったことを、できるだけ多く質問に取り込んで支援者の期待に応えようとする質問もあります。

要望する事項は多岐にわたり、個別の関連もあまりない質問を羅列するような質問です。質問時間のすべてを十数個の要望とも質問ともいえる発言で埋め尽くすというもので、質問という事実によって、支援者のために行動している姿を見せるための質問です。そのような質問は、そもそも、現在の自治体の課題の優先順位すら考慮していないため、究極の部分最適の質問だといえます。

執行部は、全体最適を目指さなければならない立場のため、議員から、全体最適を考えない、言いっぱなしのような質問をされると、げんなりとしてしまい、答弁にも力は入りません。

部分最適というムリ

膨大な財源を必要とするために、現状では手が付けることができない事業について、「地元の住民が要望しているから進めろ」という質問も同様です。

まちづくり全体の中での優先順位というものがあります。財源的に優先順位が後位にあるのはやむを得ない事業なのに、「地域の要望だから（このような要望は大勢でないことが多いですが）、早急に実行すべきだ」という論法の質問には、正直に「財政運営上、現在は困難です」というほかありません。

「執行部の事情をすべてわきまえたら、質問などできない」という声が上がりそうですが、執行部も議会も、まち全体に責任を負わなければならない公職についているのですから、踏まえなければならない現状を前提として、課題の解決に知恵を絞ることが重要なのではないでしょうか。

POINT

事実を共有し、全体最適を考えた質問を。

5 一般質問は質問者あってのもの

一目置かれている議員

執行部が一目置いている議員がいます。

1つは、いわゆる「ドン」と呼ばれている議員。議会の中で多数派を束ね、動かす力を持っている議員です。その力の源泉はさまざまですが、このような議員がいる議会では、その「ドン」の言い分を通さなければ、議案を通過させることができないため、執行部は事前の調整に力を尽くすことになります。

とはいっても、「ドン」といわれる議員も、無茶苦茶なことを言っているわけではない場合がほとんどです。要は、事前に話を通しておくことが重要なのです。しかし、「ドン」は概してあまり質問しないようです。

注目すべきは、もう1つの一目置かれている議員です。

その議員は、自分がテーマにしている分野に精通していることはもちろん、議会運営の決まりごと（議会運営規則等）も熟知して使いこなし、事案に臨機応変かつ的確に対応できます。

行政について熱心に勉強しているため、一般質問も論理的です。かといって、固いばかりではなく、物腰柔らかく多少冗談めいたことも言い、議場で笑いを取るようなユーモアと余裕もあります。しかし、質問にまともに答えなければ、議場で怒りを表わします。特に議会を軽視するような発言があると、烈火のごとく怒る（ふり？）のです。このような議員が一般質問に立つと、議場が緊張します。答弁する執行部も、質問に聞き耳を立てる感じになります。

このような議員は、再質問も理詰めで来ますから、事前にしっかり準備することになり、答弁者とのやり取りもかみ合うため、他の議員も一目置く存在になります。

このように、質問の中身もさることながら、**質問者の姿勢やキャラクターによって、答弁内容が変わってくるということもある**のです。

一般質問に対する答弁は幹部職員の勤務評定

一般質問に対する答弁の内容や態度は、おのずと説明員である幹部職員に対する首長の勤務評定の対象になりますので、幹部職員にとっては真剣勝負です。相手方の議員に詰め寄られて立往生でもすれば、首長の評価は落ちること間違いなしです。

ですから、再質問にも漏れなく、よどみなく答え、執行部に後々負担のかからないような答弁をするように心がけるわけです。そこで、前述のような議員に対しては、十分な準備と細心の注意を払って答弁しなければ、自分の評価を下げる結果となるため、質問と答弁のやり取りは真剣勝負の様相を呈します。

このため、幹部職員は議場以外で議員から相談があれば、積極的に聞き対応します。できれば議員の要望に応え、一般質問の際にはできるだけ事前に情報を得られる関係づくりを築きたいと考えるのです。議員としては、幹部職員とはできるだけコミュニケーションを図り、逆にさまざまな情報を得ておきたいものです。

執行部の議員への敬意

すでに述べたとおり、執行部の職員は、議員が選挙を勝ち抜いてそのポジションにあることには敬意を払っています。しかし、それも議員が議会の仕事に真剣に向き合っているからこそです。なかには、大した勉強もせず、普段からまったく方向違いの議論や質問をしている議員がいますが、そのような議員に職員は冷淡です。

一般質問を誰かに書かせ、多少筋の通った質問をしたとしても、本人が理解しているかどうかは、質問を聞いていればすぐにわかります。多少力を抜いた答弁でも、大した再質問は返ってきませんから、安心して答弁に立っています。

また、過去の態度と質問が矛盾している場合も、質問自体に迫力はありません。

例えば、「ハコモノ行政」とか「土木行政」とかと、公共事業を批判している議員が、自分の出身地域での公共施設の建設推進の質問などをしても、答弁に力は入りません。

このように、質問は内容も重要ですが、質問をする議員の姿勢や態度も相まって、その重みや迫力が変わってきますので、日頃の議会活動の積み重ねが重要だといえるのです。

POINT

質問者の姿勢が質問に力を与える。

第4章

役所を動かすための質問のポイント

1

1つのテーマに絞り込み、粘り強く取り組む

テーマは絞る、続ける

役所の仕事は多岐にわたり、そのうえ変化します。

市が担う最も主要な仕事の1つに、社会保障の分野があります。近年その制度改変のスピードは速く、毎年何らかの大きな改変がなされ、役所の担当者もその理解に追いつくのに必死という状況です。

役所の職員でさえ大変なのに、議員が個人でカバーできる範囲は自ずと限られてきます。だとすれば、議員が一般質問で取り上げ、しっかり追及できるテーマにも限界があります。中には薄く浅く、毎回テーマを変えて質問をする議員もいますが、深掘りができていないことが多く、再質問も思い付きではないかと思うようなこともあります。これでは、「役所を動かす」には程遠いと言わざるをえません。

ですから、一般質問のテーマは、複数あったとしても絞り、質問の回数を重ねることによって自分の提案に対する執行部の理解を深めることで、提案の実現に近づけます。

役所のPDCAを考えて

役所のPDCAは、大きくは次のような時間軸で回されます。

PLAN（計画）

（n-1年度）～12月・予算要求　～2月・予算査定と予算編成　～3月・議会議決

DO（執行）

（n年度）4月～3月・事業執行

CHECK（評価）

（n+1年度）8月～9月・事務事業評価と決算審査・認定

ACTION（改善）

～10月・総合計画等を踏まえ、来年度以降の事業実施計画を策定

これを見てもわかるように、役所は議会に議決された予算がなければ、事業を執行できません。提案から実施まで1年間は必要だと考えれば、単発の異なる質問を毎回するよりも、1年間、場合によってはそれ以上かけて、**じっくり提案した政策の実現に向けて質問**

を組み立てていくことが有効です。1つのテーマを、どのように一般質問の機会をとらえて展開させていけばいいかを考えていきましょう。

国の予算編成スケジュールにも気を付けて

自治体の仕事の多くは、国の政策決定や予算編成に影響されます。国における決定事項を自治体で実施すること（法定受託事務）がまだまだ多いのが実態です。大きな制度改変は、国の省庁の概算要求とともに報道等で伝わってきますが、住民の生活に大きな影響を与えるものもあるため、自分のテーマにしている事柄については、国の動向をしっかり把握する必要があります。

自分の提案しようとしていることが、国の制度改変に含まれているかもしれません。来年度の国の予算編成に絡む制度の改変が検討される8月から12月までの新聞情報をよく確認してから、担当課を取材するとよいでしょう。

一般質問は成果を出すための推進力

議員が「政策実現」という形で成果を上げるには、**それまでの段取り（計画）を戦略的**

に組み立てることが大切です。

役所の政策立案のスケジュールの都合もあり、1回の質問では成果が出ないとすれば、定例会ごとの一般質問で、執行部の言質をどこまで取るかを定めておきましょう。「一般質問を政策実現のための推進力にする」という感覚が必要です。執行部の担当課も、議会で首長や幹部が答弁した内容には最大限の注意を払い、答弁したことは実行に移されますから、どのような言質を取り、次の一般質問までの間にどのような活動をするかを考えて質問をすることです。

したがって、一般質問をしただけで終わりにするのではなく、質問後には、担当課と機会を捉えて接触し、意見を交わしていきましょう。定例会での首長や幹部の答弁をどのように具体化するかは、一義的に担当課に任されているのです。担当課もどのように具体化していけばいいか悩んでいるかもしれません。**担当課と話すことができれば、議員として必要だと考えている解決策に近づけることも可能**です。

議員として、担当課と一緒に政策を作っていく姿勢で臨むことが政策実現の近道です。

POINT

テーマを絞り、戦略的に段取りを定めて質問をする。

2 客観的なデータや根拠をしっかり盛り込む

現状認識は立場で変わる

一般質問を構成する際には、最初に現状について話をする場合が多いと思います。「その現状に問題があるから、問題解決のための提案がある」という順序です。だとすれば、現状認識に誤りがあってはいけません。しかし、事実というものは、その実相を捉えるのがなかなか難しいものです。事実の捉え方が、執行部と議会とでは異なることがあり、課題を見出すか、見出さないかもそれで変わってきます。

例えば、一定の所得を下回る世帯の子どもの就学に係る費用を援助する就学援助制度で、クラスの3分の1が援助を受けているとします。執行部から見ると、隣の自治体などと比較して、その割合が多いことを問題にし、なぜ多くなるのかが課題と認識します。財源が限られているからですが、このことは、役所の利益を考えていることになります。

しかし、保護者からみると、援助を受けるためにはどうすればいいかが問題で、３分の１が援助を受けている事実は、「なぜ自分が援助を受けられないのか」という問題になります。情報がきちんと伝わってきているか、あるいは所得基準をもっと緩和すべきではないかが問題になるのです。このように、立場によって事実の捉え方は変わります。

制度の趣旨からいえば、捉えるべき事実は、子どもが経済的理由で学校教育を十分に受けられていないようなことはないかという点でしょう。この事実は、子どもの視点で調べなければ知り得ないものです。

客観的データが議論を進展させる

一般質問のやり取りを聴いていて、時々あるのが、あいまいな事実を前提に議論をしていることです。事実があいまいであれば、議論は無駄に終わる可能性があります。就学援助の例でも、３分の１が援助を受けているということだけでは、それが本当にこの制度の目的を果たしているのかは分からないのです。

いくら、「もっと就学援助制度を充実すべきではないか」という質問をしても、**その前提である事実がその必要性を示していなければ、質問の訴える力はゼロに近いものにならざるを得ません。**

訴えたい主張を裏付ける事実を端的に示すためには、数字を示すことが重要です。数字を示すことで、客観的な事実を指摘することができ、提示される事実の真実性が高まるので、執行部との間で事実を共有することができます。事実を共有することで、初めて問題の有無について議論できるのです。

ただ、数字を示す際に気を付けたいのは、その数字をどこから持ってきたかという点です。今はインターネットの時代ですから、ネットで探すことが多いと思いますが、その際は**できるだけ省庁が発表している数字を用いましょう**。役所にとって、信頼性の高い省庁が発表している数字を使うことで、提示した事実の真実性はより高まります。

事実を物語で提示する

しかし、中には、数字を示しながら、自分の主張（課題がどこにあるか）に都合のよい事実だけを提示し、「課題があるのだから何とか対策をとれ」といった質問をする議員がいます。就学援助制度の例でいえば、所得基準が高く、就学援助を受けやすい自治体のことだけを殊更に指摘して、「自分の自治体も所得基準を上げよ」というような質問です。「就学援助を受けられる世帯を増やすべきだ」という主張に都合のよい事実（高基準の自治体の例）だけを強調するわけです。

本来、制度を拡大すべきというのであれば、「世帯の生活が厳しいにもかかわらず、現実に就学援助を受けられない子どもがいる」という事実を前提にすべきです。

そのような事実が実際にあれば、**その事実を、ある住民を主人公にした「物語」として提示したほうが問題を指摘するには効果があります。**その事実が議員でしか拾えない事実であればなおさらです。

物語を語ることは、聴く側にとっても理解しやすく、問題が現実にあることが提示されるので、執行部も議員の主張に耳を傾けなければならないのではないかと感じます。ただ、この場合も、その物語は、同じ環境にある住民（就学援助の例でいえば「子ども」）であれば、普通に起こりうるものと想像できる物語でなければなりません。

要するに、提示する事実は、執行部と議員が共有できるものでなければならないということです。そうでなければ、次の段階である問題の提示は論拠のない空疎なものになってしまい、役所を動かすことはできません。

POINT

事実の提示には、数字を示して物語にすることで、課題が浮き彫りになる。

3 既存の制度を理解し、課題を浮き彫りにする

新たな課題を発見するために

住民から、いろいろな相談を受ける議員がよく取る行動の1つが、役所の担当の部署に口利きしておき、そこに行って相談するように促すことです。

議員から相談を受けた役所の担当部署は、既存の制度や予算でできることであれば、速やかに処理することでしょう。この点では、議員が住民と役所の仲介役としての役割を果たすことができます。

しかし、相談を受けた問題が、今ある制度や予算では解決できない課題であるときは、担当の部署を紹介しても、「できない」という答えしか返ってきません。

職員は、現行制度あるいは予算の範囲内で仕事をすることが一義的な使命ですから、できないことをできるとは言えないのです。**新たな課題を解決するために、制度を変え、予**

算を獲得するのは議員、すなわち政治家の役割です。

その役割を果たす活動の1つとして一般質問があります。しかし、ここで制度を変えなければならないということに行きつくためには、現行制度がどのようなものかを理解していなければなりません。既存の制度を知らなければ、相談された課題が既存の制度で解決できるものかどうかもわかりませんし、どのようにその制度を変えればいいかを考えることもできません。逆にいえば、制度を理解していれば、相談された課題が担当部署に行っても「できない」という答えしか返ってこないだろうと予想できるのです。

このように、新たな課題を発見するためには、既存の制度を正確に理解しておく必要があります。とはいっても、役所の守備範囲は広いため、1人の議員で役所が担っているすべての分野にわたって制度を理解することは不可能です。

議員の皆さんは、自分が重要だと考え、政治的テーマにしている分野があるはずです。その分野に関する制度のしくみについて、しっかり知っておけばいいのです。

既存の制度を理解するために

では、制度を理解するためには、どうすればいいでしょうか。

一番手っ取り早く、現実的なのは、役所の担当係長に尋ねることです。なぜなら、担当係長が、役所の中で最も制度に精通しているプロだからです。

住民から問題を相談されたときに、解決策が浮かばないときは、すぐに相談者に「わからない」と返答するのではなく、担当部署に見当を付けて尋ねてみましょう。

役所のどこが担当部署か理解するには少し経験が必要ですが、1つの部署に見当を付けて尋ねさえすれば、間違っていても正しい部署を教えてくれますから、まずはとにかく尋ねることです。そして、相談すれば、なぜ今の制度で解決できないのかもわかります。

議員も期を重ねると、「わからないということが恥ずかしい」という感覚になるようですが、これが仕事なのですから、わからないことは率直に尋ねましょう。

尋ねられた職員も、勉強に来た議員に対して、敬意を払うことはあっても議員を軽んずるようなことはありません。自分も勉強しなければわからなったわけですから、それを仕事にしていない議員がわからないのは当然です。

ただ、そうだとしても、まずはどうしても自分で調べたいということであれば、ネットで検索して省庁の資料を見つけましょう。ある程度行政の対応について経験を積んでいれば、省庁の公表資料は読み込めますので、これが最も正確な知識になります。

また、セミナーを利用することも1つの方法です。今は昔と違って、地方議員向けのセミナーが数多く開催されています。

ネットで調べ、セミナーを聴き、**アウトラインを理解した上で、担当部署に尋ねれば、**

理解を深めることも容易になると思います。

担当部署と対話することで解決の道筋が見えてくる

担当部署に尋ねると、課題に対応する制度がわかり、制度の適用範囲が明らかになり、課題が課題のまま残されている原因もわかってきます。予算不足が大きな原因かもしれません。しかし、ここまで理解が進むと、何を変えればいいのかターゲットが絞られてきますし、担当部署とも事実認識を共有できますので、課題解決に向けての大きな一歩になります。

POINT

既存の制度の理解は、担当部署との対話で。

4 個別の課題を深掘りし、解決につなげる

課題の根っこは制度と財源

住民が困っているのに、なぜ解決ができないのか――。

その原因は、**制度的に不可能か、財源がないかのどちらか**です。特に財源が大きな原因になっています。

例えば、国民健康保険の本人負担は現在3割ですが、これを2割にするには、法律の改正が必要です。しかし、子どもの医療費の無料化の場合には、多くの自治体が自らの財源で付加給付し、負担をなくしています。法律を変えることは自治体にはできませんが、実質的に変えるのと同様の効果を個人に対する給付で行っているわけです。

また、小中学校の給食費の無料化が、「子育て施策の充実」という観点から徐々に広がりを見せていますが、これも財政的に余裕があるか、子どもの数が少なくて財政的な影響

の少ない自治体で導入される傾向にあります。学校給食法では、給食に係る材料費は、保護者負担とされていますが、自治体独自の判断で自治体が財源を補塡しているのです。

さらに、国がその運用を自治体に任せているものがあります。

前に取り上げた「就学援助制度」がその１つです。就学援助制度は、学校教育法第19条において、「経済的理由によって、就学困難と認められる学齢児童又は学齢生徒の保護者に対しては、市町村は、必要な援助を与えなければならない。」とされていることを根拠に行われます。就学援助の対象者は、①生活保護法第６条第２項に規定する要保護者と、②市町村教育委員会が生活保護法第６条第２項に規定する要保護者に準ずる程度に困窮していると認める者ですが、②の認定基準は各市町村が定めます。

そうすると、自治体の財政状況によって、認定基準の所得の設定に差が生じて、たとえ同じ所得でも、自治体によって支援を受けられる保護者と受けられない保護者が生じることになっています。

独自制度の拡充は財源が課題

このように、自治体の財政的な豊かさで住民の受けられるサービスに差が生じているのが実態ですが、これらの支援制度は、自治体が独自で制度を作っているもので、その改変も自治体単独で可能です。ただし、財政的に豊かな自治体であれば、新しい制度を作り制度の拡充もできますが、そうでもない自治体はなかなか簡単には制度の創設や改変はできないのが実情です。

議員としても、最も頭を悩ますのが、この「財政状況が苦しい」ことを理由として制度の拡充を拒まれることでしょう。では、どのようにすればいいのでしょうか。

財源を確保するには、部課長の予算要求に乗せる

執行部は非常に多くの課題を抱えながら予算を編成し、事業を執行しています。

特に予算編成過程の中での議論は、各部各課が持つ課題の解決の優先順位を定めるもので、年末から1月にかけて集中的に議論されます。

その中で、各部各課は、財政当局から、まずは「金がない」といわれています。しかし、本当に財布のひもを握っているのは首長です。ですから、要求を通すには、首長のところまで要求を上げなければなりません。それまで部課長は粘らなければならず、その上、首長への要求では、首長の共感と理解を得るために、資料を揃え説明をし、場合によっては現場を見てもらうなどあらゆる努力をしなければなりません。

首長は、自分のところへ上がってきた要求に優先順位を付けます。必要な事業には予算

を付け、優先順位が高いと思えても事実関係をもう少し確かめたいときは調査させ、あるいは一部予算を付け、優先順位が低い事業には予算を付けないという決定を下すのです。

議員の提案もその部課の要求の中に入れ込むようにすれば、実現に近づきます。一般質問は、この部課長に予算要求をさせるように提案しているともいえます。

もちろん、首長へも直接要求できるのが一般質問ですが、**部課長の共感と理解がない提案は、要求として首長に上がるまでに消滅してしまう**でしょう。議員は、首長だけでなく、部課長の共感と理解をも得る必要があります。

そのためには、事実を正確に拾った上で、制度を知り、課題が残っている背景を探り、その解決のための方法を考える必要があります。それは、提示した課題が解決すべき優先順位が高く、提案した解決方法が有効であることを理解させることなのです。それでは、より有効に共感と理解を得るためにはどうすればいいのでしょうか。この点は、執行部の政策形成のプロセスが参考になります。

POINT

部課長の予算要求に乗せるためには、共感と理解を獲得する努力を。

5 地域の優先的課題の解決を提案する

地域の優先的課題

ここでは、議員が一般質問を活用して地域の優先的課題を解決した具体的な事例を紹介したいと思います。

課題は、昭和50～60年代に開発した大規模住宅団地の浄化槽の老朽化でした。

通常、団地の浄化槽は、団地に入居した住民の組合で管理します。しかし、長期間経つと設備が老朽化し、設備の更新投資の問題が生じます。そのために組合では、積立金を積み立てることにしているのですが、処々の事情でその積立金が不十分です。維持管理の問題と相まって、これらの大型浄化槽を「市に引き取ってほしい」という要望を議員は住民から受けていました。

住民は、もちろん役所に相談しましたが、元々団地浄化槽は住民の共有財産ですから、その管理・更新は住民の責任です。役所が引き取る責任はありませんし、税金で更新費用を出す義務もないため、「できません」という回答でした。

そこで、住民は地域の優先課題として、困って議員に相談したというのが経緯です。以下、質問と答弁の要旨です。

一般質問の経緯と要旨

①n年6月

（質問）住民から、市への移管の要望があったが叶っていない。市内には合併前から市が管理している団地浄化槽もあり不公平である。少なくとも話を聴く場を設けてもらいたい。

（答弁）団地浄化槽の維持管理は利用者が行うべき。公共下水道へ早期に接続できるように下水道計画の見直しに着手する。困っている状況は聞かせていただく。

②n＋1年3月

（質問）公共下水道中期経営計画が策定されることになったが、大型団地が公共下水道の認可区域に入る可能性があるのか。

（答弁）認可区域の見直しについて来年度調査し、早期接続を進めていきたい。

③n＋2年3月

（質問）調査結果と今後の方向性はどうか。

（答弁）公共下水道計画の見直しにより、浄化槽を持つ大型団地はほぼカバーできる。できるだけ早期に処理区の再編を行い、公共下水道への接続を進める。

（再質問）しかし、財政的な制約もあり、計画を作っても計画期間内では公共下水への接続は難しいのではないか。

（答弁）公共下水道への接続に頑張っていきたい。

（再質問）住民の安心安全につながるように暫定的な措置を考えていただきたい。

④n＋2年9月

（質問）公共下水道計画の見直しで、将来的には、浄化槽をもつ団地も公共下水道へ接続する見通しがたったことは安心材料。しかし、住民は今現在多くの問題を抱え不安である。市民の安全、安心のために、最善の配慮をすべきと考えるがどうか。

（答弁〈市長〉）公共水域の水質保全や市民不安の解消の観点から、できるだけ早期に公共下水への接続をすべきだが、それまで長期間を要するので認可区域内外にかかわらず、具体的な引き取り条件を定め住民に説明する。

（再質問）住民の抱えている問題は地域によって異なる。地域住民と話し合う場を設けてほしい。
（答弁）住民と協議を持ちながら総合的に進めていく。

⑤n＋3年6月

（質問）団地浄化槽の引取り要綱が定められたが、要綱の対象外の浄化槽については公共下水道につなぐことだけを考えるのではなく、単独の公共処理を考えたらどうか。
（答弁）積極的に小規模下水道として引き取る方針である。

執行部の政策形成プロセスに沿って質問をする

この件は、事実認識については、議員と執行部は本会議前に共有していました。

一方、課題である「浄化槽の老朽化による施設更新への住民の不安」という点については、当初、執行部は共感も理解もなかったのです。しかし、**③と④の間の6か月間で、執行部の態度が変わっている**のがわかります。

この質問の全期間（3年間）の質問と質問の間に、議員は住民との意見交換会を開催しながら、市の担当部長とも協議しています。公共下水道中期経営計画の策定と下水道処理区域の見直しのタイミングを捉えて、質問テーマを続けることで執行部の理解と共感を得ていったといえるでしょう。具体的な解決のための提案はあえてせず、執行部と打開策を考えながら、対住民の検証作業は議員が担っています。執行部との協議で落としどころを探りつつ、住民との調整を進め、最終的には解決策を導いた例です。

以上のプロセスは、**現状認識↓課題認識↓仮説↓検証↓提案↓実施という、執行部が政策形成を行うプロセスと同様**です。

つまりは、政策形成のプロセスをなぞるように一般質問をすると、執行部の思考形式に合わせることができ、執行部の共感と理解が得やすいのです。

POINT

政策提案型の質問は、執行部の政策形成プロセスに合わせて行う。

第5章

政策提案型質問のつくり方

1 役所のマネジメントサイクルを理解する

役所内のマネジメントサイクルとは

役所の仕事も一定のマネジメントサイクルで回っています。

民間企業と趣が違うのは、すべては住民の意思（実際は首長の提案を議会が議決）で決定される「住民自治」という根本がある点です。

具体的には、財政に関し、単年度予算主義、総額予算主義、事前議決の原則という、年度ごとにその年度の収入をその年度の支出に充て、すべての歳入歳出を事前に議決を経なければならないという原則があります。

このことから、前年度に何を行ったかの総括である決算と現年度の予算執行、そして来年度に何を行うかを決める予算編成が同時に毎年度行われていることになります。これを、ＰＤＣＡサイクルに置き換えると、ＰＬＡＮ（Ｐ）は予算編成、ＤＯ（Ｄ）は事業執行、

ＣＨＥＣＫ（Ｃ）は政策・施策評価及び決算、ＡＣＴＩＯＮ（Ａ）は実施計画の策定及び予算要求ということになるでしょう。

このＰＤＣＡに、議会も法的に関与しています。すなわち、ＰＬＡＮの予算編成では予算の議決、ＤＯの執行では大きな契約や財産の取得に際しての議決、ＣＨＥＣＫの評価では決算認定です。ＡＣＴＩＯＮの改善活動は、委員会活動等の中で質問という形で随時行われていると考えられます。

予算編成方針と予算要求

すでに述べたとおり、それぞれの活動が行われる時期はほぼ決まっています。

政策提案型の質問で、提案を実現させるために重要なのは、予算編成に間に合わせることです。予算編成は、毎年9月～10月頃に首長または予算担当部長から各事業部長あてに予算編成方針が示されます。来年度の予算要求にあたっての方針・基準等がそこで示されます。新規事業に対する特別枠などを設けて、積極的にアイデアを出すよう促すこともあります。**議員の提案を部課長の予算要求に乗せるためには、ぜひこれらの情報にも目を通しておく**ことをお薦めします。

予算要求は、早いところで10月中、遅くとも11月中という提出期限が設けられます。ということは、議員の提案を実現するには、それまでに提案が担当部課に届いていなければならないということになります。

議員としては、提案を来年度に向けて具体化するためには、9月議会を目標にして執行部に受け入れさせることが必要です。つまり、**9月議会の答弁で提案実現に向けての言質を取るために、それまでの段取り・戦略を組むことが大切**です。前章で紹介した浄化槽の例のように、調査の実施から始めると足掛け3年を要することもあります。

予算提出期限を過ぎると、担当部課長は、財政当局に予算要求できなくなり、その後は議員が首長に直接折衝するしかありません。予算案作成の権限を持つ首長の理解さえ得られれば、予算に乗せることは可能です。しかし、首長も職員に補助され、議会の多数の同意を得なければ事業執行はできないため、行政全般にわたってすべての適否の判断を一人でするわけにはいかないのが普通です。現場を担当している部課長に相談しますし、他の議員の考えも気になるところです。やはり、本会議の場を通じて、執行部職員と議員のコンセンサスが形成されるということは、首長にとっても重要なことなのです。

マネジメントサイクルを有効に活用する

PLAN段階の予算編成のタイミングだけではなく、マネジメントサイクルの各段階でも、同じテーマで質問をすることが重要です。特にＣＨＥＣＫの決算審査は、議員にとっても、前年度の事業についての成果を問う重要な場面です。

決算審査の時期は、９月か10月ですが、**不都合な点があれば指摘して、その改善について質問しておくことは、執行部に課題意識を持たせるためにも必須**です。

予算要求の期限などを考慮すると、９月中に決算審査が終わっていることが、次年度の予算編成に反映させるために有効と考えられます。最近は、予算・決算委員会として議員全員が委員となって決算審査の分科会を持ち、それらの議論をまとめて、来年度予算編成に向けた留意点を議会の意思として首長に公式に伝える議会もあります。議員としての意見を首長に伝えるには有効な方法といえるでしょう。

いずれにしても、議員として政策提案を実現させるためには、執行部のマネジメントサイクルに乗せることを意識して活動し、その活動の一環として一般質問を活用することが重要なのです。

POINT

役所のマネジメントサイクルに乗せるために有効なタイミングに活動・質問を。

2 質問の基本的な構造＝政策立案プロセス

政策立案プロセス

役所が政策を立案するには、その政策が議会ひいては住民の理解が得られるものでなければなりません。そのためには、その政策が課題解決のために有効であることを示す必要があります。課題の存在を知らない住民、議員も多いですから、現状がどうなっているのかの説明も必要です。

そして、地方自治法は、第2条第14項に「地方公共団体は、その事務を処理するに当っては、住民の福祉の増進に努めるとともに、最少の経費で最大の効果を挙げるようにしなければならない。」と定めているため、コストが適正かも問われます。

執行部内では、政策を作るのに右のようなことを説明して、首長及び幹部の了解を取り付けなければなりません。これらのことを説明するのが予算要求で、担当部課は説明資料を作り、財政課長、財政担当部長、首長と説明をしていくわけです。説明は、次のような政策立案プロセスに沿って行われることになります。

現状認識
↓
課題認識
↓
仮説設定
↓
検証
↓
提案

政策提案型質問も政策立案プロセスを踏む

ここで、政策提案型質問を考えてみると、課題解決のための提案という点では、執行部内で行われる政策立案と目的は同じですから、その説明の基本的な構造も右に示したプロセスを踏むことで執行部の共感が得られ、理解は進み深まることになります。

つまり、提案をするのが、議員であろうと職員であろうと、**提案に至る思考プロセスが同じほうが評価する側（この場合、議員の提案は執行部に評価されているわけです）も、考えやすく、かつ受け入れやすい**ということです。

このようにいうと、「議員は住民の代表だから、議員の提案することは最大の敬意をもって執行部は検討すべきだ」「議員の提案を評価するなどとけしからん」と言われるかもしれません。しかし、新たな制度を作り拡充したときに、その適用に責任を持ち、財政的な負担と責任を負うのも一義的には執行部です。その執行部が提案に耳を傾けるようにすることが必要なのですから、執行部内で行われている議論に近い形で説明することで、共感につなげましょう。提案に共感できなければ、前向きな答弁は返ってきません。

逆に、執行部から見れば、自分たちが政策立案に割いている時間と注いでいるエネルギーからすると、議員から、自分に都合のいい事実認識と課題認識で、検証もない思い付きのような提案をされても受け入れるような気にはなれません。**執行部の共感と理解が得られてこそ、「提案を検討する」という前向きな答弁を引き出せる**のです。

執行部の共感と理解を得るためには、客観的な事実に基づいて、優先的に解決しなければならない課題を提示し、仮説である提案を検証して見せ、その有効性を示さなければならないということです。

現状認識と課題認識

現状認識は、課題を生んでいる事実関係を調査して、現実をあるがままに説明するということです。これらを踏まえて、課題がどこにあるかを明確にしますが、課題は、事実だけからは見えてきません。前提として、法律と制度がその事実に対してどのようなルールを定めているかということが重要です。そのルールでは解決できないからこそ、課題として認識されるからです。

仮説設定と検証

この課題に対して、どのような解決策が考えられるかが仮説設定です。

解決策は1つではないはずです。複数ある解決策の中から、住民間の公平を担保でき、税金を財源とした経費も合理的で、困っている住民も受け入れることのできる解決策を探し出さなければなりません。まだ執行していない段階ですから、考え出された案は常に仮説なのです。設定した仮説を検証するためには、いくつか方法があります。実際に実施していない段階でその有効性や適正性を確かめるわけですから、複数の方法で検証する必要があるでしょう。

このようなプロセスを踏んで説明された提案であって初めて、執行部は議員からの提案を検討の俎上に乗せるのです。

POINT

政策提案型質問は、政策立案プロセスを踏むことで共感と理解が深まる。

3 正確に現状を把握する

現状把握は聞き取りから

議員は、住民から困りごとの相談を受けたら、その事実関係を調べることになります。本会議の場で現状について説明するわけですから、真実性の高さは当然要求されます。正確な現状認識が重要なのは、どのような質問でも同様で、ここは周到に準備しましょう。

まずは、困りごとの相談を受けた住民に聞き取ることから始まるのが通常でしょう。ここで注意すべきなのは、**住民が思い込みや誤解をしていることが少なくない**ということ。事実をありのままに聞き取ることが大切です。また、これも当然ですが、複数の人から聞き取ることとです。偏った情報にならないためにも、複数の人からの聞き取りは必須です。

議員は、住民との距離が近いことが強みです。場合によっては、集会を開催して聞き取れば、より生の声を拾うことができ、質問における現状認識の臨場感も各段に上がります。

執行部は、現状維持が一義的な仕事なので、課題を前提とした住民集会を自ら主体的に開催するというようなことには積極的ではありません。したがって、そのような集会を開催した上での質問だということで、執行部の質問を聴く姿勢も違ってきます。

執行部から情報を得る

しかし、住民からの聞き取りだけで、事実が明らかになったとは考えないでください。これらの聞き取りは、さらに調べるための一次情報にすぎません。この聞き取りを踏まえて、より客観的な事実を明らかにしなければなりません。

そのためには、事実関係を表す書類などの資料が必要です。しかし、ここが現状把握で一番苦労するところではないでしょうか。さまざまなデータを把握している執行部ならまだしも、一議員として資料を見つけるには、時間と労力がかかります。

前章で例に挙げた、団地浄化槽の市への移管の問題でいえば、市内の市役所管理の団地浄化槽と住民管理団地浄化槽の数、浄化槽ごとの設置年数、管理住民数、管理委託の方法、毎年の維持管理費、更新のための積立金の額、更新するとした場合の費用、住民の意向・要望、公共下水道の処理区の状況、団地ごとの公共下水道への接続予定年などが知りたい情報です。

これらのうちには、市役所が持っている情報があります。まずは、市役所の担当課にその所在を聞いてみましょう。もしあるようであれば、その提供を打診してみることです。ただ、議員個人の情報提供要求に対して担当課が応えなければならない法的義務がないことに注意が必要です。法的には、議員個人として調査権限は有しておらず、執行機関から任意で提供を受けるということにとどまります。

調査権限は国会議員にもありませんが、「政府は可能な限り協力すべき」（平成20年4月4日内閣総理大臣答弁）とされています。地方議員に対しても同様であると考えられ、**執行部は個人情報や企業の取引情報等でない限り、その提供を拒む理由もない**はずです。横浜市議会のように、議会基本条例に「誠実に対応する」と規定して、資料要求に対する市長等の誠実対応義務を明確にしている例もあります。

その他執行部が持たない情報は、直接住民から、あるいは第三者から得るほかありません。議員としてのコネクションを大いに活用することになります。

ネットで情報を得る、ストーリーで語る

最近は、ネットで情報を検索することが普通になっています。しかし、ネット上の情報は玉石混交です。本会議で使う情報ですから、情報の出処には最新の注意を払うべきでしょ

う。国の各省庁が公表している資料などから得られる情報を使用することが基本になります。過去のデータも検索できる便利な政府の統計サイト「e-Stat」もあります。ただ、これらの情報は地域の臨場感のある情報ではないので、使い方は注意が必要です。その意味では、市のホームページ等で公表されている統計データは重要なデータですので、普段から何が公表されているかを見ておくことも必要です。

聞き取りと客観的な情報を得た上で、その羅列ではなく、住民が課題に直面して困っている状況をわかりやすく、記憶に残るように伝えることも大切です。そのためには、**課題を浮き彫りにするように、ドラマ仕立てにしてストーリーとして語る**ことも考えましょう。「TED」という言葉を聞いたことはあるでしょうか。Technology Entertainment Designの略語で、世界中の著名人によるさまざまな講演会を開催・配信している非営利団体として知られています。日本でも「TEDxTokyo」など各地で講演会が開催されていますが、人を惹きつけるストーリーを語るスピーチは、非常に参考になります。ストーリーで執行部の共感を獲得しましょう。

POINT

聞き取りは複数から。執行部からも情報を。ネット検索は官公庁情報を。

4 共感し理解できる課題認識を持つ

執行部に必要性を理解させることができるか

一般質問で最も重要なのは、「課題認識」です。

ある課題があり、その解決が住民福祉の向上のためには欠かせないのであれば、その政策提案は執行部によって実現されることになるはずです。

簡単なことのようですが、課題解決が自治体にとって必要であることを執行部に共感・理解させることが、非常に難しいのです。なぜなら、執行部は、予算提案権を持つ首長の課題認識に従って政策を立てる組織だからです。一議員が問題意識を持ったからといって、その問題を解決しなければならないとは普通思わないのです。

ですから、一般質問を聞いたときに、「これは今すぐにでも取り組むべきだ」と、**執行部にその必要性を理解させることができるかが重要**です。これは、議員として、執行部が優先的に取り組まなければならないという課題を見つける能力で、「問題発見能力」といってもいいでしょう。

しかし、この問題発見能力は、何もせずに身に付くものではありません。

自分が政治的なテーマとしている課題について、常に制度を学習し身に付け、状況の変化や制度の変更にも敏感であることが求められます。行政制度は、元になる法律があり、省令・規則があり、それに基づいて予算と要綱があり、制度は通常複雑です。

これらの制度から漏れ、解決されないままだからこそ課題なのですから、制度を知らなければ、なぜ課題になっているのかはわかりません。また、課題とされる要因が、制度の非常に細かな規制などに起因している場合もありますので、たとえ複雑でも、きちんと理解しておく必要があります。しばしば、**単純化して理解した気になっているということがありますが、それでは課題を発見することは難しい**でしょう。

不都合の解決の方向性まで認識する

団地浄化槽の例でいえば、浄化槽の所有が住民であることから、その管理は住民の責任であるということが基本になります。役所が管理するのは、公共下水道に接続されてからなので、団地浄化槽である限りは、役所が管理する法的責任はありません。しかし、公共下水道への接続は、自治体の財政的な制約から長期間が必要なため、その間に老朽化した団地浄化槽が故障して更新できない場合には、海や川の公共水域へ浄化されない排水が流れ込むことも考えられます。公共水域の環境保全は行政機関が関心を持つべき問題です。

一方で、役所が管理している団地浄化槽もあり、制度的には「市町村設置型合併処理浄化槽」という公共管理の浄化槽の制度もあります。

以上のことから考えると、公共下水道への接続までの間の団地浄化槽が適正に管理されるように、体制をどのように作ればいいかが課題になります。

このように、現実を制度に当てはめても不都合な部分が残っており、その不都合を解決する方向性まで認識することが課題認識です。そして、この課題認識について執行部の共感を獲得することが、役所を動かす重要な一歩なのです。

執行部に共感させるためのポイント

執行部に共感させるには、その他にも次の点が重要です。

1つ目は、**質問議員の政治理念**です。

質問する議員の趣旨一貫した政治理念の下での質問であることにより、執行部の聞く姿勢は違ってきます。執行部には、すべての議員の提案・要望に応えるわけにはいきませんが、議員の持つ中心的なテーマであれば、実現できればいいという思いはあるものです。

２つ目は、**社会情勢・環境の正確な認識**です。提示された課題が、現在の社会情勢や環境の下で速やかに解決しなければならない優先度の高いものであることです。これは、質問をするタイミングを考える際にも重要です。国やマスコミが問題にしているタイミングで、自分の自治体の具体的な課題解決を提示することにより共感は得やすくなります。

３つ目は、**より多くの支持者の理解**です。課題と考えているのは自分だけではなく、多くの住民が課題だと感じているということを示すことが、共感を得やすくします。署名や集会などが支持者の多さを証明することになります。

POINT

制度を十分理解し、課題をあぶりだして執行部の共感を獲得しよう。

5 解決できる仮説を立てる

「仮説」は「検証」とセットで「解決策」

課題が明確になったら、次は解決策です。

すべてのデータを探り解析し、取りうる解決策をすべて考えて、その中で最も効果があるものを選ぶことができればいいのですが、それには膨大な時間がかかります。

考えている間に、新たな別の問題が生じるかもしれません。変化の激しい今の時代には、まずは仮説を立て、その検証をすることによって、より早くより適切な解決策を策定することが重要になります。

「解決できる仮説」と書きましたが、正確には「解決できそうな仮説」を立てるということです。「解決できそうな仮説」は「検証」とセットで初めて解決策になります。検証しない仮説は単なる当て推量でしかありません。

得意分野でアプローチする

「仮説を立てる」といっても、どんなものでもよいわけではありません。

例えば、学校でのいじめ防止について、「子どもがいじめをしないように、1人ひとりの児童生徒に先生を付ける」という仮説では、その実現性は皆無です。**自治体にとっても受け入れることができ、解決策としての成果も見込める仮説**を立てなければなりません。

大切なことは、自分の得意な分野で考えてみることです。

例えば、自動車の不具合について修理のための仮説を考える場合、プロの技術者と素人が考えるのでは、その精度は天と地ほどの違いが出るでしょう。大体、素人では全く見当もつかないかもしれません。

自治体の政策や制度も同様です。行政全般に精通する必要はありませんが、自分がテーマにする分野については、日頃から関心を持って問題意識を持ち、わからなければ調べ、担当係長と意見交換などをしておきましょう。

また、財政や役所の組織などについては、どんな分野をテーマにするにしろ、必要な知識ですから、最低限習得しておく必要があります。そうすることによって、課題も見えてき、解決できそうな仮説もいくつか浮かぶようになるはずです。

種々の条件をクリアできそうな仮説を立てる

団地浄化槽老朽化問題の例では、公共下水道への接続までの間の団地浄化槽が適正に管理されるように体制をどのように作ればいいかという課題認識でした。

これに対する仮説としては、一義的には住民管理責任が適切に果たせればいいのですから、「管理組合の財政的基盤を強化するために、管理組合に補助金を交付する」ことが考えられます。また、課題の根本原因が財政的な問題に加え、団地住民の高齢化による管理能力の不安もあるということであれば、役所が引き受けることも考えられます。さらに、役所が引き受けるとしたら、どのような条件が整えばいいかということも考えなければなりません。さらに、市内にその他にも団地浄化槽がある状況であれば、その他の浄化槽の引き受けにも公平に適用できるような基準が必要ですし、財政的負担が市民全体の負担として公平なのかということも考えなければなりません。

その上で、それぞれの条件をクリアできそうな仮説、例えば市役所が引き受けるとしたら、移管に係る団地住民の負担、移管時期、移管後の管理方法・住民の負担など一定の条件を設定することになります。

一般質問ではプレゼンをするつもりで

一般質問をする際には、仮説は仮説のまま説明するのではなく、すでに検証されたものを説明するのですから、仮説とはいいながらも、「提案」として説明することになります。仮説を提案としてプレゼンすると考えてください。

プレゼンですから、市民に説明することを前提に、理解しやすい言葉で説明することになります。これからは、議会改革で主流になっている議会報告会で説明することも想定して質問する必要があるでしょう。わかりやすく必要性を説き、興味を惹くように、実現可能性が感じられるように説明することです。

最近はパネルを使うこともあるようです。わかりやすくするための工夫でしょうが、議場では説明員席からは見にくく、議員側には見えないということが多いのではないでしょうか。パネルを使うのならば、字や数字だけでなくむしろ写真などを加えたほうが、印象に残り共感させる力があるでしょう。

POINT

「解決できそうな仮説」を立てるために、気になるテーマは問題意識を持って、考え、学習しておくこと。

6 仮説の実効性を検証する

検証するとは

「検証」というと、ちょっと「科学的」で文系脳にはとっつきにくいかもしれません。しかし、理系脳で、実験などによる科学的立証と考えると、これも違います。要は、70～80％くらい成果が上がる、という程度の根拠を示すというイメージです。未だ執行していない仮説をもって、「100％の成果を出す」と立証することは、むしろ不可能です。

そのような前提で検証作業を行い、一般質問の中で説明することが「検証する」の意味合いです。

それでは、どのような方法により検証するのでしょうか。

検証の方法①　住民の意見

1つ目は、まず何と言っても課題を持っている住民に聴くことです。

ここで受け入れられないようだと、その他の検証作業には進みにくいでしょう。1人の意見では検証にはなりませんから、複数の住民の意見を聴かなければなりません。現状認識のところでも触れましたが、住民に近い議員の強みを生かして、**現状認識の段階であらかじめ集会などを開催して意見集約をしておく**と、その集会を活用して提案（仮説）が受け入れられるかどうかを検証することができます。

ただ、住民が受け入れるからといって、それでいいというわけではありません。「自治体全体からみて公平かどうか」「自治体の財政的負担は将来とも大丈夫か」などの執行部側の事情にも当てはめて判断することが大切です。

検証の方法②　先進自治体の状況

2つ目は、先進自治体の状況です。

同様の課題を先に解決している自治体があれば、その取組みを参照することで、仮説を検証することができます。よく先進自治体に議員視察等に行き、単純に「いい政策だからわが自治体にも導入したらどうか」という質問がありますが、現状認識も課題認識もすっ飛ばして、「他の自治体がいいことをやっているから、導入の検討をせよ」と質問されても、執行部としては答弁のしようがありません。先進自治体には、その自治体特有の現状や課題認識の元にその政策を行っているのですから、それらの前提が異なる自治体に適用して有効なものかどうかは、よくよく検討が必要です。

現状と課題に鑑みて、**先進自治体とどのような共通項があるかを見定めた上で、妥当性があって初めて、その事例を検証に活用することができます。**

団地浄化槽の例では、同じような問題を抱えていた自治体で、役所管理に移管している自治体があれば、その自治体が引き受けた条件が明らかになるという点や、その後の管理上の諸問題についても大いに検証上の参考になることでしょう。

検証の方法③　専門家の意見

3つ目は、専門家の意見です。

解決すべき課題についての専門家とは、大学の教授等その課題に関して、**相当の社会的評価を得ている人がよい**でしょう。国や県などの審議会の委員になっているのであれば、理想的です。これも、1人ではなく、できれば複数の専門家に意見をもらえればよりよいでしょう。

これも、執行部ではよく使うのですが、専門家や関係者を委員として審議会を作り、課題の解決方法について諮問し、答申をいただくという手法です。課題解決の方策について、「第三者委員会から客観的な評価を得た」という説明を議会や住民にして、理解を得るというやり方です。

議員の場合、第三者委員会を作ることはできないため、特定の専門家に仮説をぶつけてその意見をもらうということになるでしょう。その意見を一般質問の中で披瀝し、提案政策の有効性について執行部の理解を得るということになります。

例えば、団地浄化槽の問題では、浄化槽が更新されなかったときの汚水の公共水域への影響や、浄化槽の経年劣化による構造上の技術的問題について専門家の客観的な意見をいただくということになるでしょう。

POINT

検証は、住民、事例、専門家など複数の根拠を示して、70～80％の有効性の立証をめざす。

7 政策提案は財源確保策とセットで

財政難を理由にされないために

仮説が課題解決に有効であると検証できたら、仮説がすなわち政策提案になります。この最終段階として大切なことは、財源が必要な提案の場合は、その概算とその確保策も同時に提示することです。なぜなら、執行部が「実現が難しい」と判断する最大の理由の1つが「財源」だからです。財政状況の厳しい自治体にとっては、財源の確保が執行部にとって最も頭の痛い課題です。「ご提案の意義は十分理解できますが、財政状況が厳しく、実施は困難であると言わざるを得ません」などと答弁されて、反論材料を持たなければ、そこで議論も検討も終わってしまいます。

「議会には予算提案権がないため、詳しい財政状況は窺い知れない」といわれるかもしれませんが、財政に関する情報は、行政情報の中でも最も公表されている部類のものです。

何より数字ですから、客観的な分析が可能です。費用が必要な提案をするなら、財政に関する分析は最低限必要ですし、可能なことなのです。分析の結果、本当に財源の捻出に困っている実態が明らかになるのであれば、財政健全化が最優先の課題なのかもしれません。

いずれにしても、議会は、これからは二元代表制の一方の代表として、責任をもって主体的に政策提案を行わなければなりません。**責任ある提案は、実現できる提案でなければならず、財源の確保の検討は必須**であると考えるべきです。

執行部を「その気」にさせよう

執行部のマネジメントサイクルに乗せて、議員提案を実現するためには、執行部が「その気」にならなければなりません。「その気」とは何でしょう。

参考になる考え方として、「ＡＩＤＭＡ」というマーケティング理論があります。これは、Attention（注意）→Interest（関心）→Desire（欲求）→Memory（記憶）→Action（行動）の頭文字を取ったもので、消費者の購買決定にいたる心理を表しています。簡単にいうと、消費者にその商品に関する「注意」を引き、知ってもらい、「関心」を持ち、良い・欲しいという「欲求」の段階を経て、「記憶」され、後日買うという「行動」に移す、というプロセスです。では、執行部に議員提案を採用して実現する「行動」をとらせるためにはどうすればよいかです。

まず「注意」です。政策提案では「現状認識」です。現状を認知させ、注意を引いて、その後の行動を呼び起こすため、まずは現状・事実をより正確に知らせましょう。

次に「関心」です。政策提案では、現状に対して行政が解決すべき課題であると感じることが「関心」ですから、「課題認識」を持たせることが重要になります。

そして「欲求」です。「仮説」を提示し「検証」することで「共感」を深め解決したいという「欲求」を呼び起こします。

さらに「記憶」です。一度ではなく粘り強くアピールすることが大切です。

その上で「検討します」という「行動」が生まれます。要は、執行部の事情にも配慮しながら、共に課題解決のために政策を作り上げる姿勢が必要ということです。

一般質問での提案は、議員個人として行うものにすぎない以上、これを採用するかどうかは、執行部の自由裁量です。だからこそ、一議員が市役所を動かすためには、執行部を「その気」にさせる政策提案が必要なのです。

POINT

執行部と共に政策を策定する意識で、「その気」にさせよう。

政策提案型質問の流れ

住民要望聴取（現状認識と課題認識）

一般質問（課題提示と現状把握提案）
課題の提示と現状把握のための調査の可否を問う

執行部が調査（現状認識と課題認識）
調査結果を踏まえ、導入制度を執行部と調整

住民意見交換会
執行部との調整状況報告と導入制度（仮説）への意見聴取

一般質問（現状認識、課題認識と仮説）
住民意見（検証）を踏まえた制度（仮説）を提案する
（あるいは提示を要求する）

執行部と導入制度の調整

住民意見交換会（導入制度の検証）

一般質問（仮説・検証・提案）
住民意見（検証）を踏まえた制度提案（財源提示）
住民意見交換会（導入制度の検証）

制度導入・予算措置

第6章

課題・責任追及型質問のつくり方

1 課題・責任追及型質問の肝

課題・責任追及型質問の「目の付けどころ」

課題・責任追及型の質問は、首長側のさまざまな活動（提案、権限執行など）に対して行われる点で受動的であることが、議員が主体的に発信する政策提案型とのちがいです。

しかし、議会がチェック機関である点からいえば、執行部が住民福祉の向上に効果のない、あるいは逆行するような施策をしようとしたときには、その施策の課題や、首長としての責任を問うことで住民の利益を守ることは議会本来の活動であるともいえます。首長の交替を視野に入れた質問になることもあるでしょう。

ですから、やみくもに課題・責任追及型の質問をするのではなく、政策提案型の質問と課題・責任追及型の質問をバランスよく配して、**執行部の提案や、首長の政治姿勢に賛同できない場合に、タイミングよく課題・責任追及型の質問を行う**ことになります。

では、どのようなタイミングで質問するのが効果的なのでしょうか。その「目の付けどころ」は次のとおりです。

①違法・不当な権限の行使
②成果のない事業の継続
③財政運営上の課題
④首長の政治家として不適切な行為
⑤議会無視・軽視

機を逃さない

しかし、これらの責任を追及するタイミングはそうそう簡単にはやってきません。

首長は、議会に比べて圧倒的に多数の職員に補助されており、これらの職員は首長の法的あるいは政治的責任を追及されないように事業を組み立て、権限行使をしてもらうことに非常に神経を使っているからです。

そのため、責任を追及する場面は極めて少ないと言わざるをえません。数少ない機会を捉えることができるか、責任追及のタイミングだと気づくことができるかが、まず重要になります。それには、それぞれ一定の準備を整えておかなければなりません。

例えば、①違法・不当な権限の行使があったときに、それに気づくには法律の知識が必要になります。

行政は、法律によらなければ、その権限を行使できません。すべての権限行使が法律に基づいています。ただ、すべての場合を法律で規定するわけにはいきませんので、首長の裁量に任せている部分もあります。首長は、法律に明文の定めがあるものはその定めに従い、定めがない場合には一定の基準を定め、法律の趣旨に則って裁量の範囲内で権限行使を行います。裁量の範囲を逸脱すると裁量権の濫用ということで違法になります。

そこで議員としては、権限の行使が法律に適っているか、裁量権の濫用がないかを常にチェックしておかなければなりません。それには、法律知識を身に付けることが必須です。これらのことに気付けるようになるには、**法律の条文を読んでおくというレベルでは不十分で、「使いこなせる」レベルにある必要がある**でしょう。

そのためには、首長の権限行使（許可、認可、取消し、契約など）について、その根拠（法律、政令、省令、条例、規則）を確認する癖を付ける必要があります。これは、行政職員が最初に教えられることですが、議員も同様に身に付ける必要があるところです。地方自治法、地方公務員法などの基礎的な法律に加えて、自分が政治家として中心的に取り組むこととしているテーマについての法律は最低限学習しておきましょう。その上で、わからないことは職員に聞けば理解が深まります。

事実を明確に

その他（②〜⑤）についても、事前に知っておかなければならないルール、執行部に用意させておくべき資料など準備が必要です。これらについては、詳しくは、次項で述べますが、課題・責任追及型の質問に共通するのは、事実の明確さ、すなわち真実性です。

課題・責任を追及する前提である事実が本当にあるのかという点は、極めて重要です。例えば悪いかもしれませんが、検察が犯罪者の刑事責任を追及するのに最も力を入れるのは罪に当たる行為があったという立証です。それと同様に、責任を追及する議員の側が、違法・不当な事実、手続きの瑕疵の事実、放置されている課題の存在などを立証しなければならないのです。**疑わしいだけで責任を問うと、自らの政治的立場を危うくしてしまう場合も**あります（２００６年の国会での「民主党メール問題」では、追及した国会議員の辞職という顛末となりました）ので、ここは慎重に調べておく必要があります。

POINT

タイミングを逃さず、事実の明確な立証がポイント。

2 違法・不当な権限行使を追及する

違法・不当の意味

前項でも述べたとおり、首長の行政権限行使が法律の明文に違反する、または裁量権を乱用した場合が「違法」、違法というほどではないが裁量権の行使が適当ではないのが「不当」です。「違法」な行政行為は効力を持ちませんが、**「不当」な行政行為は正式に取り消されるまでは有効**です。

これら違法・不当な行為があったときには、根拠となる法律を示して、その権限行使の違法性・不当性を指摘し、首長の行政責任を追及することになります。

例えば、予算議決されていないのに勝手に事業を実施し、公金を支出した場合は、予算の事前議決の原則（地方自治法第211条第1項）に反し、その支出は無効です。事前議決の原則は、財政民主主義上の重要な原則ですから、議会の存在を無視したことについての首長の責任は重いということになります。

これとは違い、予算議決はあったが、その契約の方法が入札であるべきところ随意契約をした場合はどうでしょうか。この場合、その契約は、地方自治法第234条第2項の規定を受けた地方自治法施行令第167条の2第1項違反で違法ですが、直ちに契約が無効になるかは随意契約をした事情によるというのが判例（最判昭和62・5・19）です。

随意契約ができる場合ではないことが明らかであるとか、随意契約をできないことを相手方が知っていたなどの事情があれば、無効になるとされています。

首長の責任を追及するにしても、このような随意契約に至った事情、首長がその事情を知っていたのかどうかによって、その責任の程度は異なってくることになります。したがって、随意契約に至った事情や首長の認識の程度などをよく調査しなければならないのです。

事実関係の調査

このように、事案によって法に抵触する程度も異なり、責任を取るべき度合いも違ってくるため、やはり、事実関係を詳細に調べることが必要です。

とはいえ、議員個人には調査権限はありません。執行部に資料の提出を求めても、首長に不利な資料の提供に唯々諾々と協力するとも思えません。

そこで、情報公開条例に基づく、情報公開請求が考えられます。通常、このことによって、公文書があれば公開されるはずですが、それでも公開されない場合は、情報公開条例に基づいて、第三者機関である審査会に対して審査請求をすることになります。それでも不開示という結論であれば訴訟をすることになるわけです。調査権限がない以上、時間と手間がかかることは覚悟しなければなりませんが、**事実関係の解明こそが課題・責任追及型の質問の肝**なので粘り強く取り組むほかありません。

住民監査請求と住民訴訟

事実関係が明確になると、そこに至った原因を追究し、首長の関与の程度によって、その責任の取り方を決めさせるということになります。

また、違法不当な財務会計上の行為に関する場合は、住民監査請求及び住民訴訟（地方自治法第２４２条及び第２４２条の２）の対象ともなりますので、これらの手続きと連携することも考えながら、責任追及をすることとなるでしょう。住民監査請求は、監査委員による事実関係の調査が行われるので、事実関係を明らかにする一助にもなります。

住民訴訟も同様ですが、住民訴訟では、行為の差止め、取消し・無効確認、職員に対する損害賠償請求など法的な措置をどうするかなどが争われることになりますので、弁護士へ依頼して行うことになります。

これらの法的な手続きと並行して一般質問をすることで、マスコミ等の注目も得ることができ、住民の関心を高めることができます。この場合も、事実関係の明確さは、マスコミにとって最も関心があるところですので、留意が必要です。

POINT

違法・不当な権限行使の追及は、法的な措置も視野に粘り強く。

3 成果のない事業を追及する

自治体は「最少の経費で最大の効果」を

地方自治法第2条第14項は、「地方公共団体は、その事務を処理するに当つては、住民の福祉の増進に努めるとともに、最少の経費で最大の効果を挙げるようにしなければならない。」と定めています。

努力規定ではなく、義務規定です。ということは、**執行部だけではなく、議会も追求しなければならない**ということです。効率的な事務事業の執行がなされていない場合には、議員としても当然に指摘しなければならず、首長の執行責任が問われることになります。

予算決算は事業の成果に着目する

最近は、多くの自治体で事業の評価を行うようになりました。

多くは自己評価ですが、曲りなりにも、事業評価をした上で次年度の事業のあり方を考えるという形は、執行部内では整いつつあります。

一方、議会では、未だ事業の評価をするという意識が少ないのではないかと思えます。議会で事業の評価をする場面は、決算審査（昨年度の事業の成果を評価）と予算審議（来年度の事業の成果見込みを評価）だと考えられますが、いずれの場面でも、執行部からの事業の成果を説明する資料の提示は不十分なことが多いのではないでしょうか。

決算では、地方自治法第２３３条第５項により、「主要な施策の成果を説明する書類」を議会に提出しなければならないことになっていますが、具体的な成果の説明になっているかを改めて確認する必要があります。事業を実施したことの説明はあっても、成果の説明がないことが散見されます。これでは、本当に「最少の経費で最大の効果を挙げている」のかどうかわかりません。

予算審議でも、決算審査による評価を踏まえて見直しがされているか、その見直しの結果、成果見込みはどうかという点が審議される必要があります。そのための説明としてどのような資料の提出を求めるのかは議会が決めることですが、**事業ごとにコストと成果を**

説明する資料を求めることも考えるべきだと思います。

いずれの審査・審議でも、コストに見合う成果が上がっているのかに着目しなければならず、その審査・審議をするに十分な説明資料が必要ということです。その上で初めて、成果の上がっていない事業についての追及ができ、事業の見直しを執行部に求めることができるようになります。

成果の評価の難しさ

とはいうものの、行政施策の成果をすべて数字で表すことは難しいところもあります。特に福祉関係の事業は、給付が多ければ多いほど効果も大きくなる傾向がありますし、小中学校の教育の成果を数字で表すことの難しさもあるでしょう。

したがって、すべての事業に数字による成果の説明を求めることはできませんが、かといって成果を求めなくてよいということではありません。何らかの形で成果を評価できるようにすることが必要なのです。でなければ、成果があるかないかもわからない事業に、前例踏襲で経費をかけ続けるというムダを許すことになります。

例えば、学校におけるいじめ問題に対処するために、いじめ防止対策推進法に基づく相談体制等の整備が行われた場合を考えてみましょう。このことが直接、いじめをなくすこと、あるいは少なくすることに効果があるかは大いに疑問のあるところです。

むしろ、いじめの芽を摘むために、これも法令に基づいて、早期発見のために効果のある措置が望まれるところでしょう。それでは、その措置が行われているのかどうか、行われているとしたらいじめの数は減少しているのかどうかが説明されるべきということになります。

いじめの数の把握は難しいところではあると考えられますが、何とか客観的に把握するための手法を各自治体は考えなければなりません。その把握を怠るようなことがあれば、いじめに対する施策は本気ではないということにもなるでしょうから、教育長等の責任が問われることになります。

POINT

成果を追及するためには、適切に説明した資料を準備させることから。

4 財政運営上の課題を追及する

財政は自治体経営の基盤

自治体経営の基盤は財政にあります。

つまり、健全な財政運営があってこそ、住民福祉の向上のための政策を実施することができます。議員としても、自分の自治体の財政状況には常に関心を持って、課題があれば執行部の考え方を問いたださなければなりません。

財政はいつの間にか悪化するものではありません。過去の政策の積み重ねの結果として今の財政状況があります。しかし、過去にさかのぼって政策のやり直しはできず、将来に向かってしか改善の方策は取り得ません。子どもたちに、健全な財政の自治体を残せるかどうかは現在の財政運営によることを肝に銘じて質問しましょう。

また、政策提案型の質問をするにしても、財政状況を把握できていないと、どの程度の財源を活用可能かもわかりません。この点でも、財政運営上の課題を把握することは重要です。

財政状況を分析理解する

まず、財政運営に課題があるかどうかを知るために、財政状況を分析する必要があります。そのための資料としては、**「決算カード」**があります。

「決算カード」は、全国の自治体決算について、毎年度、同一の基準で分析したものです。同一の基準で分析してあることで、他自治体との比較が可能で、自分の自治体の客観的な財政状況を把握することができます。インターネットの検索サイトで、「決算カード」と検索することで、総務省のホームページからすべての自治体の決算カードのデータを引き出すことができます。

ただ、決算カードを手にしただけでは、財政状況はわかりません。

そこにある多くの数字が表すものを読み取る必要があります。そのためには、決算カードに表されている決算統計のデータの意味を理解する必要がありますが、そこは学習しかありません。総務省のホームページや各自治体のホームページで言葉の意味を理解するところから始めましょう。実際の詳細な分析は、さらに財政的知識を必要としますので、各自治体議会で議員研修会を開催して、議会全体で学習することをお薦めします。

人口規模と産業構造が似通った類似の自治体同士を比較するのに便利な資料としては、**「財政状況資料集」**というものも総務省が全自治体について公表していますので、併せて活用するとよいでしょう。

これからの財政の中心的課題

自治体によって財政状況は千差万別ですから、課題があるかどうか、あってもその性質や軽重は自治体によって異なります。ここでは、今後多くの自治体が遅かれ早かれ直面する課題に触れておきたいと思います。

それは、人口減少と高齢化という日本の人口構造の急激な変化によるものです。人口減少は、国内ニーズが量的に減少することと、働き手が減少するという需要と供給の2つの側面があります。また、高齢化は、団塊の世代が75歳を超える2025年を境に一気に進み、医療費や介護費用、年金が急激に増えることになります。

そうすると、単純に考えると、働き手の減少で住民税が減り、人口減で土地需要が減るため、土地価格は下落し、固定資産税収入も減少します。一方で、高齢者が増えることで、社会保障費は増高します。国全体の税収にも影響するため、地方交付税の財源も減少します。

自治体の財政は一気に硬直化することが想定されます。現在でも、将来の地方交付税の前借である「臨時財政対策債」という借金をして、ようやく年々の財源を賄っている状態です。「今何とかやっていけるから将来も大丈夫」ということにはならないのです。

今から、役所は業務を整理し、スリムにならなければなりません。余計な経費をかけなくてもいいように、過剰な施設を整理することも総務省から勧められており（「公共施設等総合管理計画」など）、学校を統合し、公共施設も集約化しなければなりません。ただ、住民から見ると、これらのことはサービスの低下になると映るので、首長はなかなかやりたがりません。しかし、今からしっかり取り組まなければ、10年後の人口減少・超高齢化社会に対応できなくなるでしょう。

こうした状況だからこそ、議会あるいは議員として、**自治体財政の今後10年間の推移予測を立てるように追及していくべき**です。その上で、具体的な課題を見据えて対策を執行部と共に考えることが、今必要になっているのです。

POINT

財政課題の追及は、財政分析から。今後、財政の硬直化が最大の課題になる。

5 首長の政治家としての責任と議会軽視

首長が政治家として責任を問われる場面

政治家は、住民から選挙で選ばれています。

理念としては、首長も議員も住民代表として存在しており、住民意思を反映して施策を行っているわけです。これまで本章で述べた「違法・不当な行為」「成果の出ない事業継続」「財政運営の悪化」なども首長の政治家としての責任ですが、その他にも、住民自治を中心的理念とする地方自治体では、きちんと住民の意思を体現し、施策を実行しているかという点も政治家としては問われることになります。

例えば、**「選挙で約束したことが行われているか」「言行不一致になっていないか」「議会の内外で発言に矛盾はないか」**などです。

これらの責任を日常的に問うことができるのは、同じ住民代表である議員だけです。住民も、直接請求によって首長の解職請求（地方自治法第81条）はできますが、有権者の３分の１以上（人口規模によって緩和規定あり）の署名を集めなければならず、ハードルは相当高いと言わざるを得ません。

また、議会には首長の不信任という制度もあります（地方自治法第１７８条）。議員の３分の２以上の出席で４分の３以上の賛成があれば、不信任が成立し、首長は議会を解散することができますが、解散しない場合には首長は失職することになります。

いずれの場合も、違法な行為だけを想定しているものではなく、「住民を代表する政治家として、ふさわしくない」と多くの住民または議員が考えれば、首長を解職することができる規定になっているわけです。

究極的には、この手続きを視野に、首長の政治責任を問うことになります。

したがって、政治家としての責任を問うには相当の理由が必要ということになります。ここで特に重要なのが、首長の発言です。政治家は言葉が命ですから、**発言の矛盾や言行不一致などの事実を明確にして、政治家としての責任を果たせていないことを追及すること**になります。公約違反などがこれに当たります。

その他に政治家としての首長で問題になる行為としては、公職選挙法上の違法な行為、政治資金規正法違反などがあります。

議会軽視

最後に、議会軽視に対する責任追及です。議会軽視とは、議会の議事機関としての権能を軽く扱い、十分な情報提供をしないとか、説明をしないということです。ひどい場合は予算議決を経ない執行など、議会無視という違法行為にあたることも生じます。

では、なぜ本来起こるはずのない議会軽視が起こるのでしょうか。

本来、首長は予算案を提案し、執行する権限は有するものの、議会の議決を経なければ実際の仕事はできません。ですから、多くの首長が望むのは、なるべく反対意見も少なく、スムーズに議案を議会で通過させることです。そのためには、十分な情報提供と説明が必要ですが、情報提供と説明をすればするほど議論に時間がかかるため、多くの首長が考えるのは、より手間をかけずに議会をコントロールするということです。

その手法として採られるのが、議員個人の要望を聞くことです。過半数の議員をコントロールできるように要望を聞けばいいので、ターゲットは、議会の過半数あるいは最大多数の賛否を動かすことのできる力がある議員です。

したがって、**「最大会派の幹部の意見を聴く代わりに議案を通す」**という取引が生まれ、首長と議会の多数派との癒着と言われても仕方ないような関係が生まれることになります。

ここまでの関係ができると、首長を含む執行部としては、議会にさほどの情報提供も説明も必要ないと感じるようになり、情報提供は最低限にしかせず、少々の無理は通るので、説明も最低限しか行わなくなります。たまに、必要な情報提供をうっかり忘れるなどの緩みも生じます。

このように、多くの議会軽視を生んでいる根本原因は、執行部の安易な姿勢にはあるものの、一部議員の姿勢にも大きな問題があるといえます。

議会軽視で執行部の責任追及することは、議会の議事機関としての権能を十分に発揮するために重要なことですが、それが議会側にも問題がある場合には、議会の本来のあり方についての議会内での議論も十分になされる必要があるということです。

POINT

政治家としての責任は、言行一致、公約遵守、終始一貫。議会軽視は、議会内に問題も。

第7章

「一般質問」を議会の意思として行う議会改革

1 議員が1人で行う「一般質問」の限界

議員の働きと議会の権能

すでに述べたとおり、一般質問は、地方自治法に根拠はなく、議会がその運営方法を定める会議規則に規定があるだけです。議員が個人として会議の場での発言をすることができるとあるだけですから、政策提案も課題責任の追及もできます。

議員として、自分の思うところを自由に述べることのできる機会として、議員個人の政治活動としても非常に重要な活動です。そのために、効果的に「役所を動かす」ために準備すべきことを、これまで述べてきました。

ただ、議員個人として首長に向けた発言である以上、その発言が政策提案であれ、課題責任追及であれ、首長に取り上げられない限り、結局成果につながらないという厳しさがあります。仮に、首長選挙で応援した、あるいはしなかったなどの首長との個人的関係で、その提案が受け入れられたり、受け入れられなかったりするのであれば、残念ながら一般質問は単なるショーになってしまいます。

また、執行部の多くの職員が共感し、理解する課題であり、仮説の有効性が検証されていても、「ものわかり」の悪い首長であれば、市民福祉の向上には役立たない提案という悲しい結果にもなります。

このことは議員が議員活動に虚しさを感じる原因の1つといえるでしょう。しかし、議員個人としての議員活動に限界があるのは当然ともいえます。

議員は、首長のように、個々の存在としては政策実現に直結する権能は持っていません。それは、法が権限を与えているのは「機関としての議会」であって、議員はその構成員にすぎないからです。

一方、「機関としての議会」には非常に強い権限を与えています。予算の議決権、条例の議決権、調査権、首長の不信任議決権などです。議会が議決しなければ自治体の事業は執行できず、百条委員会のように非常に強い調査権も与え、住民の多数で選ばれた首長の地位さえ認めないことのできる権限をも与えているのです。

しかし、これらの権能は、議会が合議体の組織である以上、多数決という方法によって意思決定しない限り行使できません。議会が、多様な住民意思を体現するために複数の議員で構成され、議論し、住民意思を統合・代表するための機関であるゆえんです。

議員個人としての政策実現は難しいが、機関としての議会は非常に強い権限を持っている、しかし、権限行使には議会特有の意思形成のプロセスが必要――。このことは、議員としての働きについて改めて考える必要があることを示唆してはいないでしょうか。

機関として議会を機能させる

議員が住民から選挙で選ばれ、1人の政治家として存在する以上、その思いを実現するために動くことは至極当然のことです。しかし、その個人としての活動を重んずるばかりに、議会本来の機関としての活動が機能していないのが、現実の議会の姿ではないでしょうか。

ではなぜ、議会はその権限を十分に行使できていないのでしょうか。

それは、議会が首長の提案を受けてその可否を決する、という受け身の機関として長く馴らされてきたからだといえます。議会事務局には会議と委員会運営のための最低限の職員しか置かれてこなかったのもそのためでしょう。いわば、いつも首長を追随する立場に置かれてきたといっても過言ではありません。例えば、個々の議員が、喧々諤々、首長に対して自分の思うところを述べるだけで、それが通らなければ、後は首長が思うところに従う、というような議会が本来の議会といえるでしょうか。

逆に、議員が自分たちの思いを議会内で議論し、それを集約した形で議会が機関として政策意思を形成し、首長に提案したとしたらどうでしょうか。それは、もはや議員個人としての提案ではありませんから、首長は無視することはできません。提案は予算に組み込まれるでしょうし、議案や条例案は提案すれば当然成立するでしょう。議会の意思がまとまれば、その意思決定どおりのまちづくりが可能になるということです。

北海道の栗山町議会は、最初に「議会基本条例」を制定した議会として有名ですが、この議会では、町長が提案した総合計画を議会で学習・調査・議論し、その修正をしたという実績（平成20年2月可決）を持ちます。このように、**議会が機関として本来の権能を発揮すれば、まちづくりの根幹の総合計画も修正できる**のです。

政策を実現させることが一般質問の主要な目的とすれば、その一般質問を議会という機関の活動として行うことができれば、その効果は絶大です。

一般質問をより有効に政策実現につなげるためにも、議員個々としての活動ではなく、議会の構成員である議員本来の活動として考えてみる必要もあるでしょう。

POINT

議会の機関として本来持つ権能を発揮させるのが議員の働き。

2 「議会」が政策提案の主体になる

議会改革と一般質問

議会は、首長が率いる執行部のように、自治体のすべての事務の細部にわたり、その目を行き届かせるわけにはいきません。職員の数の制限や、そもそも予算提案権を持たないという制約もあり、議会は首長と同じように活動することが期待されているわけではありません。しかし、首長を追随することを期待されているわけでもありません。

議会に求められているのは、**首長と対等な立場で住民に情報を広く提供し、課題争点を示し、まちづくりの根幹にかかわる政策選択に関しては、首長の意思に対して議会としての意思を議会内の議論によって形成し、住民に明示すること**です。

このことは昨今、多くの議会で進められている議会改革の目指すところだと思います。

首長を含む執行部が、多くの職員組織と情報と権限を持つゆえに、自らの組織の利益のために判断し行動しがちなのに対して、住民の多様な意思を体現する議会がその原点に帰って、住民ともう一度つながりを深め住民自治を担保するというのがこの改革の主眼です。

言い換えれば、議会が議会としての本来の機能を果たそうということです。議会改革でほとんど導入される議会報告会というものも、代表機関として住民とのコミュニケーションを再構築しようとするものだといえます。

北海道栗山町の議会基本条例の前文には、次のようにあります。

「議会が町民の代表機関として、地域における民主主義の発展と町民福祉の向上のために果たすべき役割は、将来にかけてますます大きくなる。特に地方分権の時代を迎えて、自治体の自主的な決定と責任の範囲が拡大した今日、議会は、その持てる権能を十分に駆使して、自治体事務の立案、決定、執行、評価における論点、争点を広く町民に明らかにする責務を有している。自由かっ達な討議をとおして、これら論点、争点を発見、公開することは討論の広場である議会の第一の使命である。」

議会が機関として政策提案の主体になる

会津若松市議会も、議会基本条例の制定を通して、議会の機関としての政策提案力を再構築しています。議会が市民との意見聴取と議論を行う「意見交換会」と議会内の政策形成を進める「政策討論会」を組み合わせて政策形成サイクルを構成しています。一般質問もこのサイクルの一部としての働きを期待されています。具体的には次頁の図のとおりです。

この政策形成サイクルは、政策提案型の一般質問の構成として示した「事実認識」→「課題認識」→「仮説設定」→「検証」→「提案」のプロセスに当てはめることができます。図の最上部の「問題発見」が「事実認識」、「課題設定」が「課題認識」、「問題分析」が「仮説」と「検証」に当たります。**一般質問は、政策の執行に関して議会としてチェックするツール**として活用されています。

もちろん、議会に与えられている職員や情報には限りがあり、すべての課題に対して政策提案することはできません。自ずと、まちづくりのビジョンや首長の目の届かない取り残された課題に対して機関として政策意思を形成していくことになると考えられます。

議会が長に対して、いい意味で超然と活動し、是々非々で議会としての意思形成をするようになれば、議員個人として行う一般質問に対する首長とのやりとりも、より緊張感のある活発で有用なものになるでしょう。

POINT

議会が機関としての意思形成を行うことが、一般質問と答弁をより活性化させる。

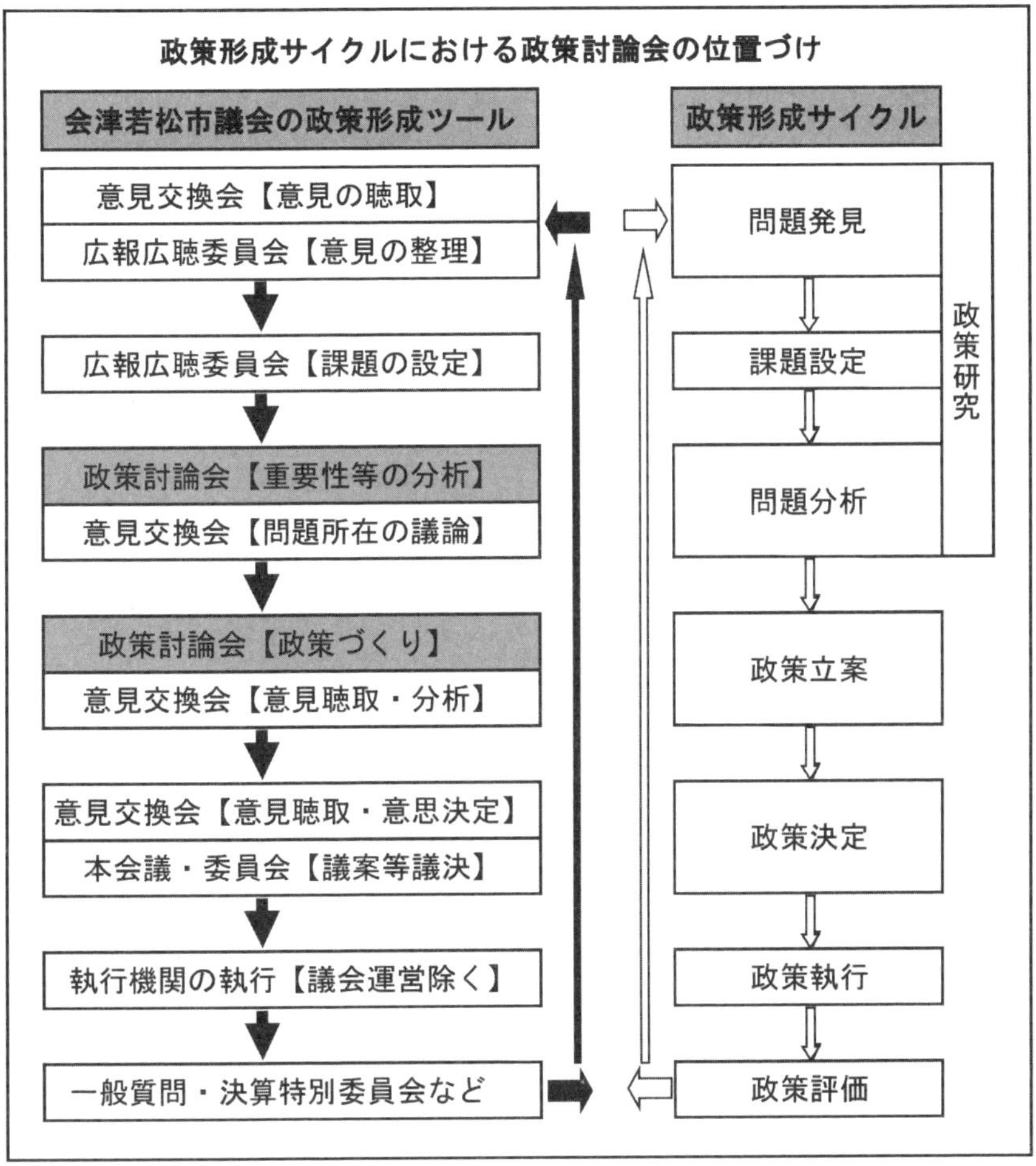

出典：会津若松市ホームページ

●著者紹介

川本　達志（かわもと・たつし）

1956年広島市生まれ。九州大学法学部政治学科卒。1980年広島県入庁、市町村の行財政指導、県財政の健全化計画の策定等に従事。1994年４月から２年間合併前の廿日市市に派遣され、「廿日市市文化振興プラン」の策定等に携わる。2005年、合併後の廿日市市に移り、2008年副市長就任。2011年に退任し、2012年から野村総合研究所上級コンサルタント、大阪市立大学大学院非常勤講師、広島大学大学院非常勤講師等を務める。2014年に独立し、地方議会議員向けセミナーにて講演を行う。また、廿日市市の市民活動団体「はつかいちワクワク塾」代表として、東日本大震災の復興支援イベント、まちづくり市民講座などを主催している。

地方議員のための

役所を動かす質問のしかた

2017年７月21日　初版発行
2025年２月18日　９刷発行

著　者　川本《かわもと》　達志《たつし》
発行者　佐久間重嘉
発行所　学 陽 書 房
〒102-0072　東京都千代田区飯田橋1-9-3
営業部／電話　03-3261-1111　FAX　03-5211-3300
編集部／電話　03-3261-1112
https://www.gakuyo.co.jp/

装丁／佐藤　博
DTP制作／ニシ工芸
印刷・製本／三省堂印刷

ISBN 978-4-313-18055-0 C2031